早期
挑战性学习

幼儿教学策略与活动设计指导

[英]詹姆斯·诺丁汉 (James Nottingham)
[英]吉尔·诺丁汉 (Jill Nottingham) ◎著
梁乐琳　罗玉清　葛佳佳 ◎译
苏雪云 ◎审校

华东师范大学出版社
·上海·

图书在版编目（CIP）数据

早期挑战性学习：幼儿教学策略与活动设计指导/（英）詹姆斯·诺丁汉，（英）吉尔·诺丁汉著；梁乐琳，罗玉清，葛佳佳译.—上海：华东师范大学出版社，2023
ISBN 978 - 7 - 5760 - 3481 - 3

Ⅰ.①早…　Ⅱ.①詹…②吉…③梁…④罗…⑤葛…
Ⅲ.①学前教育-教学参考资料　Ⅳ.①G613

中国国家版本馆 CIP 数据核字（2023）第 018868 号

上海市版权局著作权合同登记　图字：09 - 2020 - 004 号

早期挑战性学习：幼儿教学策略与活动设计指导

著　　者　詹姆斯·诺丁汉　吉尔·诺丁汉
译　　者　梁乐琳　罗玉清　葛佳佳
审　　校　苏雪云
责任编辑　张艺捷
责任校对　杨苏红　邱红穗　时东明
装帧设计　郝　钰

出版发行　华东师范大学出版社
社　　址　上海市中山北路 3663 号　邮编 200062
网　　址　www.ecnupress.com.cn
电　　话　021 - 60821666　行政传真 021 - 62572105
客服电话　021 - 62865537　门市（邮购）电话 021 - 62869887
地　　址　上海市中山北路 3663 号华东师范大学校内先锋路口
网　　店　http://hdsdcbs.tmall.com

印 刷 者　上海盛隆印务有限公司
开　　本　787 毫米 × 1092 毫米　1/16
印　　张　17.5
字　　数　259 千字
版　　次　2023 年 4 月第 1 版
印　　次　2023 年 4 月第 1 次
书　　号　ISBN 978 - 7 - 5760 - 3481 - 3
定　　价　69.80 元

出 版 人　王　焰

（如发现本版图书有印订质量问题，请寄回本社客服中心调换或电话 021 - 62865537 联系）

推荐序

　　幼儿教育的不同目标，决定着各种不同的教育行为。本书作者明确表示，幼儿教育的目标是教会幼儿"学会学习"。"最热情和最有能力的学习者是：充满惊奇的、有求知欲的、愿意尝试的、愿意从错误中学习的、专注于有关联性的事物的、有决心的、乐于接受新思想的、有策略的"，而实现"学会学习"目标的途径是通过挑战性学习。

　　挑战性学习基于维果茨基的最近发展区，结合德韦克的成长心态（Growth Mindset），从儿童友好的角度，描述了儿童的学习从实际理解到潜在理解的过程，帮助儿童通过挑战、对话、反馈、反思、提问和进步的方式来思考和讨论自己的学习。

　　儿童具有学习的天性，他们在游戏中学习。但最重要的是孩子在游戏中学会如何学习。如何帮助孩子们学习改变、鼓励儿童走出自己的舒适区，控制和提升自己的学习是"学会学习"教学法的核心目标。

　　作者明确提出，"这本书的关注点完全在于如何帮助年幼的孩子学会学习。本书所提的'挑战性学习'仍然保留了理论和实践相结合的特点，但更多的是分享有关成年人与3—7岁儿童打交道的一些想法。"为此，作者提出了一系列具体操作的方法。包括如何通过对话培养儿童的思维能力、如何提高儿童的思考能力、如何聆听和如何有效提问等，最后形成成长型的思维方式。令我感动的还在于作者对每一个幼教理念和方法，都提出相应的心理学研究成果来作为支持。所有这些内容，对于我们的幼教同仁来说具有突破性的启发和实践性的指导意义。

　　这些具有启发和指导性的问题，恰恰是我们在理论和实践中时时碰到的热点问题。首先，例如，幼儿教育要不要教育？有一位网红学者公然宣称"学前教育就是学前不教育"。本书作者则明确指出，幼儿教育的目标就是让幼儿在入学之前学会学习。显然，不同的教育目标导致不同的教育行为。无疑，作者的观点是正确的。

再如，作者敏锐地觉察到"给孩子选择权会提高他们的积极性却降低了他们的学习能力"的问题，因而提出成人不要做"让道路变得更平滑的'冰壶父母'"。正确的做法应该是当孩子们跨出自己的学习舒适区时及时地予以鼓励和表扬。作者认为，"有意识地有策略地在学习者的头脑中创造一种认知冲突的状态是学习挑战的核心"。认知冲突会使孩子们陷入"学习坑"。坑代表着从一个单一的基本的想法到有许多尚未分类的想法的情况。教育者有意识、有策略地在学习者头脑中创造认知冲突状态，引导儿童先陷入坑中再到跳出坑外，帮助儿童在挑战性学习中提升自我效能，塑造成长心态。

又如，在日益重视以"儿童中心"的当下，如何看待和发挥教师的作用？作者认为，"作为一名教师，你是对孩子们的生活影响最大的人之一"。教师才是文化的设定者，因此，在塑造孩子的期望、行为和价值观方面，教师的行动至关重要。

还如，在重视自由（主）游戏的同时，也要让儿童"参加由成年人设计的活动。这些活动能让孩子参与拓展兴奋和产生困惑活动仍然是以儿童为中心的，因为它们都从儿童的发展水平和兴趣水平出发"。我把它理解为就是通过游戏的延续，实现游戏与课程的统一。

所有的这些理念和措施，都具有极强的针对性和可操作性。

除了以上特点外，该书的精彩之处，更在于有系列的具体操作说明，让一线幼教工作者能很快上手。诚如作者所说："通过这本书，我希望我们能启发你采取更加专业的行动。"手捧此书，相信大家会有开卷得益和相见恨晚之感。

王振宇

华东师范大学教育学部学前教育系教授、博导

译者序

还记得你在幼儿园时最喜欢做什么吗？你在做什么时最容易得到老师和家长的夸奖呢？那么年幼的你，又是怎么从游戏和活动中学习的？

用"喜欢做什么"这个问题来询问幼儿园的孩子，我们能够发现，大多数孩子都倾向于回答自己擅长的活动。比如跑步很厉害的孩子更喜欢去奔跑，绘画作品经常受到表扬的孩子更愿意去画画，计算速度很快的孩子更喜欢做数学题。孩子们如果在某件事上很有能力，能够轻松完成时，就可能会一遍又一遍地去做，因为完成简单的、擅长的活动更容易得到认可和肯定。换言之，除非有其他人的引导和鼓励，如果孩子们认为自己不擅长某件事，他们就不太可能去尝试。与其说他们害怕尝试后失败，不如说他们害怕的是尝试过程中别人的质疑和担忧。

一旦孩子们从小就将"挑战"定义为困难，在遭遇新事物和活动的时候就更容易变得畏手畏脚，瞻前顾后。因此，孩子们在为有挑战性的事情或活动挣扎，但不放弃的时候，最需要我们的肯定和鼓励，这是帮助我们的孩子尽可能多地学习，提升学习能力的最佳机会。我们应该让孩子们认识到，能够在擅长的活动中证明自己是很好的，但能在有挑战性的活动中提升自己就更好了。

家长和老师不仅需要为孩子们提供安全和保护，还应当为他们提供勇气和尝试，让我们的孩子培养出好奇、坚韧和强大的学习品格。这需要我们自己就意识到——"挑战"并不意味着困难，而是充满了趣味。早期挑战性学习就是让年幼的孩子们得到更有趣的教育。

本书分享了使3—7岁儿童学习更具挑战性的教学策略与活动设计指导，旨在帮助年幼的孩子们培养良好的学习态度，掌握恰当的学习技能，学会如何学习。第一章的学习侦探，第二章的排序、维恩图、意见线和意见角，第三章的引发探究型谈话，第五章的开放式问题，第六章的SOLO分层法，第七章的正确反馈等都为读者提供了具体且实用的早期教育方法，以帮助孩子们发展思考、对话和创造能力。第八章则包括了8个早期学习活动示例，它们都能根据孩子们的发展阶段进行改编，提供挑战或支持。

任何关注、重视孩子早期发展及成长的成年人都能够从这本书中得到不同程度的启发、解惑，甚至是反思。当家长和教育工作者认真阅读完这本书籍，孩子们将是幸运的——因为他们将在生命早期就拥有能够接纳并尊重他们的想法，肯定他们的努力和付出，帮助他们有效提升学习能力的长辈。正如弗雷德里克·道格拉斯（Frederick Douglass）所言，培养内心强大的孩子远比治愈忧虑脆弱的成人容易。让我们尽早认识到，挑战性学习对孩子们重要的意义，让每一个孩子都能度过有趣、快乐、富有挑战性的童年！

梁乐琳　苏雪云

引言

　　早期教育的目标是什么？很多人提出了这个问题，答案包括很多：保护儿童的安全、向儿童介绍社会公认的价值、培养儿童对语言的热爱、给儿童社交、协调人际关系和举止得体的经验等。这本书分享了帮助孩子成长为更好奇、更有适应能力、更快乐、更善于表达和更善于思考的学习者的极佳策略。

　　早期挑战性学习采用了詹姆斯·诺丁汉（James Nottingham）久经考验、广受好评的"学会学习"（learning to learn）教学法，并将其应用于3—7岁儿童的教学。每一章包括：

- 帮助孩子"学会如何学习的"丰富多彩的、启发性的学习活动。

- 实用的"现在试试这个"部分，鼓励读者思考当前的实践并探究新的想法。

- 复习部分的重点是创建一个全面的教学策略工具包。

　　本书涵盖了一系列的关键主题，如反馈、对话、成长型思维（growth mindset）和学习坑（learning pit），目标读者是所有想要挑战我们的学习方式，并想要使学习更具挑战性的学者、教师、家长和领导者。

　　詹姆斯和吉尔于1999年成立了一家教育公司，以支持当地幼儿园和学校儿童哲学的发展。这已演变成一个数百万英镑的社会重建项目，旨在提高英格兰东北部年轻人的抱负和能力。随着这个项目的成功，斯堪的纳维亚半岛、澳大利亚和新西兰各地的早期教育中心都想参与到这个项目中，学习诺丁汉屡获殊荣的挑战、对话、反馈、提问和进步的方式。为了满足这一需求，詹姆斯和吉尔在澳大利亚、丹麦、挪威、瑞典、英国和美国都成立了公司，并雇佣了30名教育专家，用最好的方式来带领、示范和指导实践者和家长改善幼儿的学习。

艾娃(Ava)、菲比(Phoebe)、哈利(Harry)：我们的孩子，我们的世界

目录

致谢

作者感谢以下人士的支持和建议：

阿塞·兰费尔特（Åse Ranfelt）

阿斯特丽德·霍尔茨·耶茨（Astrid Holtz Yates）

博斯·拉尔森（Bosse Larsson）

丹·亨德森（Dan Henderson）

埃尔斯佩思·马歇尔（Ellspeth Marshall）

格尔达·伦德伯格（Gerda Lundberg）

劳拉·泰勒（Laura Taylor）

莱斯利·罗伯茨（Lesley Roberts）

丽莎·巴雷特（Lisa Barrett）

玛丽莲·基南（Marilyn Keenan）

菲尔·汤普森（Phil Thompson）

丽贝卡·斯宾塞（Rebecca Spencer）

莎拉·昂温（Sarah Unwin）

可通过 www.challengelearning.com 联系作者。

挑战性学习的故事

2010年,我出版的第一本书的书名是《挑战性学习》(*Challenging Learning*)。我之所以选择这个标题,是因为它结合了我工作中的两个关键主题,并为其赋予了相关的双重含义——挑战学习的方式,以及展示如何使学习更具挑战性。

最近,由欧洲和大洋洲中7个国家成立的机构组织被我和我的联合创始人吉尔命名为"挑战性学习"。这些教育集团将我们所知道的一些非常优秀的教师和领导者集合在一起。我们将最新的、令人印象深刻的研究成果转化为幼儿园、中小学和大学的最佳教学实践。

这本书延续了同样的传统:挑战性学习并使学习更具挑战性。这本书和已有的《挑战性学习》的主要区别在于,这本书的关注点完全在于如何帮助年幼的孩子学会学习。本书所提的"挑战性学习"仍然保留了理论和实践相结合的特点,但更多的是分享有关成年人与3—7岁儿童打交道的一些想法。

当你在阅读这本书的时候,你会注意到我们有时会提到"教师"和"教学"。请不要认为这些想法只适合教师。事实上,这本书的目标读者是全体教职员工和领导。我们只是用"教师"和"教学"这两个术语来概括在儿童入学前几年从事教育工作的所有成年人的职能和教育方法。

每一章都包括一些"现在试试这个"的部分。这将鼓励你思考当前的实践,并与你的同事分享这些想法。和别人分享关于你觉得有效的(以及如何知道它有效)、你想改变的,以及在一个理想世界里你的教育是什么样的,这些都肯定会帮助你有效使用这本书,达到本书旨在促进反思的目的。

在每一章的末尾都有一个回顾,用于练习和判断。教学技能(repertoire,部分学者称为教学策略工具包)对于提高教学水平至关重要。然而,仅凭教学技能是不够的,良好的判断力也是必要的。所以,虽然这本书里的策略应该足以拓展你的技能,但良好的判断力应来自对自身经验的反思、与孩子共同尝试新的策略以及与同事的交谈对话。我们的回顾建议是为了帮助你进行反思。

作为一名教师,你是对孩子们的生活影响最大的人之一。当我们还是学生的时候,我们就已清楚地知道哪些教师期望高,哪些教师期望低,哪些教师有幽默感,哪些教师可能从小就没笑过。如今我们的学生也一样:你的学生知道你的期望和你的态度!创设文化的不是政府、孩子的父母或课程(尽管他们都有影响力)。你们才是文化的设定者,因此,在塑造孩子的期望、行为和价值观方面,你们的行动至关重要。

通过这本书,我希望我们能启发你采取更加专业的行动。

祝好!

詹姆斯・诺丁汉(James Nottingham)

学习术语

在本书中,术语的使用方式如下:

ASK 模式:一个帮助计划和谈论幼儿学习的模式。它具体包括态度(Attitudes)、技能(Skills)和知识(Knowledge)。

态度(Attitudes):以特定方式行动或思考的倾向。我们应该鼓励幼儿形成的态度包括好奇心、决心、开放的思想等。

认知冲突(Cognitive conflict):当人们有两种相互冲突的信念时。例如,小孩子可能认为他们应该对人友好,但他们也不应该跟陌生人说话。

概念(Concept):根据公认的特征将事物分类在一起的一般概念。小孩子可能会想到的概念包括公平、游戏、朋友、感觉和情绪等。

建构(Construct):学习挑战第三阶段的简写,在这个阶段中,孩子们通过联系、解释和检验想法来建构意义。

文化(Culture):一群人所特有的行为和信念。指培养积极的学习文化。

对话(Dialogue):对话是交谈(conversation)和探究(inquiry)。对话将会话的社会性与建构问题、形成答案的技巧结合起来。

Educere:拉丁语中"教育"一词的词根。在书中,它被用作七种思维方式的首字母缩略词。

固定思维(Fixed mindset):由卡罗尔·德威克(Carol Dweck,2006,2012,2015)提出。思维是人们的一种自我认知或"自我理论"。固定思维指的是相信天赋是一种能力,或多或少是由基因决定的。

概括(Generalisation):基于一组确定的共同特征的陈述。

成长思维(Growth mindset):同样由卡罗尔·德威克(2006,2012,2015)

提出。成长思维指的是相信才能和能力是"成长的",而不是与生俱来的。

知识(Knowledge):孩子们知道特定的事实。它不同于理解。理解是指孩子们能够联系、解释和评价。

学习导向(Learning-focus):学习导向包括强调质疑、挑战、努力变得更好以及打败个人的最好成绩。这与以成绩、成就和打败他人为核心的绩效导向形成了鲜明对比。换句话说,学习导向是内在的,而绩效导向是外在的。

学习意图(Learning intention):孩子在规定的时间内应该知道、理解或能够做什么。

元认知(Metacognition):字面意思是"思考关于思考"。元认知是学习的重要组成部分。它鼓励孩子们思考如何思考和行动,并思考是否有更好的方法来做事情。

绩效导向(Performance-focus):专注于成绩、成就和打败他人。这与注重学习形成了鲜明对比,学习则强调质疑、挑战和刷新个人最好成绩。

学习坑(Pit):一个比喻,指当一个人同时持有两种或两种以上相互冲突的想法或观点时,他感到困惑的状态。

预习(Preview):让孩子提前知道他们将要学习什么。这让他们可以提前准备并可能取得显著积极的效果。

过程(Process):指向学习意图的行动。当教孩子如何学习和学什么一样重要的时候,关注过程是特别重要的。

反思(Reflection):认真思考或考虑思想、想法或反应。

自我调节(Self-regulation):控制冲动、有策略地计划和深思熟虑地行动的能力。

自省(Self-review):儿童给予自身的反馈。

技能(Skills):在给定的内容中执行某些过程以获得理解、完成任务或呈现出来的能力。

SOLO 分层法（SOLO Taxonomy）：由约翰·比格斯（John Biggs）和凯文·科利斯（Kevin Collis）提出的观察学习结果模型的结构，描述了在理解对象方面不断增加的复杂性。

成功标准（Success Criteria）：总结孩子需要完成学习意图的关键步骤或元素。具体包括要完成的重点事项或关注的重点。

分层法（Taxonomy）：代表教育过程预期结果的一种分层。

理解（Understanding）：个体理解的心理过程，包括解释原因、结果和意义的能力，以及理解模式和各因素彼此间是如何联系的。

摆轮和摆动（Wobblers and wobbling）：使用友好的术语来描述一种认知冲突的状态。

最近发展区（Zone of Proximal Development）：列夫·维果茨基（Lev Vygotsky）用来描述实际和潜在发展间的区域的术语。

第一章 为早期学习创造条件

孩子在玩中学。
最重要的是,孩子在玩中学会如何学习。

弗雷德·唐纳森(O. Fred Donaldson),1993

1.0 早期挑战性学习

我们三个孩子中最小的一个最近庆祝了她的四岁生日。和我们一起生活在英国,这意味着离她上学只有几个月的时间了。所以现在似乎是反思育儿经历的好时机。

在过去的两年里,菲比参加了两项早期的活动:一个户外托儿所(outdoor nursery)和一个游戏小组(play group)。我们希望她每天早上都能去户外托儿所,但不幸的是,它一周只开放两次。于是,她在其余的三个工作日上午都前往了当地的游戏小组。

到了去小橡树(户外托儿所)的日子,她就会从床上跳起来,第一个做好准备,背着帆布书包,满怀期待地在门口等着。但到了要去游戏小组的那天,她就会不慌不忙地做好准备,也没有太激动。到达小橡树目的地的同时,她就跳着走了,连回头看一眼或在脸颊上吻别都没有。而在刚开始每周去三次游戏小组的早晨,她通常会牵着我们其中一个的手直到最后一刻,并在她进入房间之前紧紧地拥抱我们。在一天结束时,她会喋喋不休地谈论她参加的小橡树的活动,但我们却较少能深入了解她在游戏小组的日程。

我们的女儿每天都是同一个孩子。她来自同一个家庭,有着同一对父母和同一群兄弟姐妹。然而,她又非常与众不同,这取决于她那天参加的早期活动。她的哥哥姐姐们也是如此。这就是教育环境的重要性。做得好,孩子就会茁壮成长;做得还可以,孩子们也会表现得还可以。

　　因此,这本书的目的是分享小橡树(以及许多其他类似的托儿所和学校)正在做的正确的事情,希望更多的孩子能在更充足的时间里茁壮成长。当然,成功没有诀窍。这在很大程度上取决于环境。但根据我们的经验,在早期的学习中,有一些方面似乎比其他方面更能鼓励、培养和激发幼儿,所以我们将在这里与你们进行分享。

　　　你所确立的文化对年轻学习者的态度和经历有很大的
　　影响。

在小橡树餐厅的菲比·诺丁汉(Phoebe Nottingham)

1.1 鼓励幼儿园里的成长

从日托班(daycare)到学前班(preschool),从育婴所(crèche)到托儿所(nursery),从幼儿园(kindergarten)到游戏小组,世界各地对儿童早期教养环境的命名都有很大的不同。其中,我们希望请大家注意"nursery"(意为托儿所/苗圃)一词,将幼儿园与培育和滋养幼树的园艺苗圃类比,这似乎是一件奇怪的事情,但请耐心等待解释:这样做是有充分理由的。

与我们共事的一些人,尤其是斯堪的纳维亚人,对任何试图"教导"或"挑战"幼儿的行为持怀疑态度。他们的信念是,应该允许年轻人在没有"强势"成年人指导的情况下玩耍、研究和尝试。他们相信一种以儿童为中心的学习形式,在这种学习中,儿童应该顺从自己的好奇心和兴趣所引领的任何(安全的)方向前进。成年人是不应该主导的。

> 对幼儿来说,自由游戏和结构化学习之间的最佳平衡是什么?

虽然我们赞同这一理想,因为我们当然不提倡强迫孩子,但也可以理解为,我们是在推动成人为儿童设计具体的学习机会以供其参与的想法。不是温室保护或控制,而是参与和扩展孩子的学习。所以,在继续编写这本书之前,我们想借此机会解释一下我们的观点,和园艺作个比较。

如果我们谈到植物,我们会说许多物种非常耐寒。铺上一些新的混凝土,仍然有一些植物会找到出路。被悉心照料的花园,多余的杂草也仍会生长。即使是在最严酷的环境中,植物也能找到生长的方法。炎热的沙漠和冻土带同样显示出生命的迹象。最顽强的人似乎总能找到生存之道。这是自然而然的。

园艺学家当然知道这一点,但他们不是完全托付于大自然。他们希望其他植物也能存活下来。事实上,不仅仅是生存,而是繁荣。因此,他们种植、照料、滋养和保护幼苗,使更多的幼苗能茁壮成长。他们改变了环境和供应,这样一来,即使是较弱的树苗也有机会开花。他们知道,许多植物能在没有帮助的情况下生存，但他们也知道，如果条件合适，更多的植物不仅可以生存，还能茁壮成长。

> 用幼苗作类比，很明显的是，在有或没有支持的情况下，许多幼苗都会生长。然而，事实是在适当的环境和培育下，所有植物开花的机会都会显著增加。

教育也是如此：孩子们有学习的倾向。这是自然而然的。即使在"还可以"的情况下，孩子们也会在社交、生理、情感和智力上得到发展。回想一下上一章节我们最小的孩子的故事：她一直在学习，即使是在那毫无生气的游戏小组里。游戏小组主管很少提供超级吸引人的活动，但菲比和她的伙伴们仍然在学习。他们玩耍，他们调查，他们思考。

然而，在小橡树里（我们最小的孩子最喜欢的早教环境），既有自由游戏，也有有目的的游戏。当然，自由游戏是被鼓励的，但也要参加由成年人设计的活动，这些活动能让孩子参与、拓展、兴奋和产生困惑。活动仍然是"以儿童为中心"的，因为它们都从儿童的发展水平和兴趣水平出发。但是，就像园艺师一样，大人们也在寻找支持每棵幼树生长的方法，这样每棵幼树都能得到蓬勃发展。

遗憾的是，这个类比很快就引出了温室和/或修剪来创建"理想"形态的想法。当然，我们并不提倡这两种方法。已经有太多的人（父母和教育工作者）为了在狭隘的、标准化的考试中追求"理想"的分数，而陷入了培养或"修剪"孩子兴趣和活动的陷阱。

我们提倡的不是温室化或标准化，而是一种"苗圃"学习的方法：调整条件以促进每一种"植物"的生长和发展。这可能包括一个兼具支持性和拓展性的框架，用鼓励的话语（你会和你的植物说话，不是吗？）表达关心，培育根茎和叶尖，根据需要将花盆移到阳光照射处或阴凉处等等。换句话说，我们提倡小而明确的调整，以鼓励所有"幼树"的生长。在我们看来，这将帮助孩子们在早期家庭和学校环境中茁壮成长。

但这就引出了一个问题：学习什么？

我们提倡一种"苗圃"式的学习方法：所有的"苗圃"都要调整条件，以帮助"幼苗"开花结果。

1.2 学会学习

幼儿教育的目标是什么？很多人会问这个问题，得到的答案比他们预想的要多得多。答案从帮助孩子学习到保护他们的安全，向他们介绍社会的价值，激发其对语言的热爱，帮他们积累社交、协调和得体举止的经验等，例子不胜枚举。

詹姆斯：每当有人问我教育的目的是什么时，我的回答往往会包括"学会如何学习"。当然，正如我们已经说过的，孩子们能够自然而然地学习。通过观察婴儿"感知"周围的环境和人，我们可以看到，即使是最年幼的婴儿也会在早期就开始感知（甚至可能是在出生之前）。然而，这种学习能力是可以提升的。

在前一节中，我们比较了园艺和教育，提到通过调整环境，我们可以帮助"幼树"茁壮成长。我相信，这对植物和人类来说都是事实。然而，这两种生命形式之间存在许多区别，其中之一是作为人类，我们还有知觉和自我意识。所以我们不仅能适应周围的环境，还能思考并改变那个环境来适应我们自己。据我们所知，植物无法做到这一点！

所有的孩子都在学习，但帮助他们学习"如何"学习可以进一步促进他们的发展。

在教育所扮演的许多重要角色中，有一项是培养幼儿逐渐形成的自我意识。在幼儿时期，孩子们从被动的生物成长为主动的生物。他们知道自己能够规划、设计和影响周围的世界。他们不仅要对周围的人和事做出反应，还可以真实地影响，甚至有时能控制这些事情。学习也是如此。孩子们可以学习如何适应、改变、提高和控制自己的学习。

　　例如,一个小孩子可能会说"那个",而实际上他们的意思是"那是什么?"当他们没有得到他们想要的回应时,就会开始想知道为什么。后来,另一个孩子问:"那是什么?"并得到了第一个孩子希望得到的答复。第一个孩子会反思这个问题,并自己尝试着提问,然后发现:成功了! 他们得到了他们想要的回应! 当然,这只是一种基本的反思学习形式,但仍然十分重要。更进一步说,作为成年人和孩子们一起工作时,我们可以(在我看来也应该)寻找方法来帮助孩子们学习,并学会如何学习。

　　这就引出了一个问题:我们如何教孩子学会学习? 这似乎是一个相对简单的问题,但答案当然要复杂得多。学会如何学习包括知道如何提出有意义的问题以及如何决定哪些答案是最恰当的;它包括思考互动的语气和时机、什么时候坚持或妥协。这个清单几乎是无穷无尽的,而且绝对是与情境相关联的。

　　　　学会如何学习包括学习如何反思、检查、比较和推理。

　　事实上,任何一个社会都不可能就一套指南达成一致。一个国家或地区的政府可能会为地方教育发布一份概要,但这并不意味着每个人——或者实际上任何一个人——都会完全同意!

　　　　当你知道你想带你的孩子往哪个方向走时,就会增强"如何"学习的能力。

　　这不妨碍我们从不同的教育背景走到一起,至少是在一些目标上达成一致。这样做通常是值得的,因为如果没有确定的方向就决定我们将进行的下一步,往好里说就是随意的,往坏里说就是混乱的。让我们回想一下《爱丽丝梦游仙境》(刘易斯·卡罗尔,1865)里,当爱丽丝向柴郡猫问路时:

爱丽丝:请你告诉我,我该走哪条路好呢?

柴郡猫:这在很大程度上取决于你想去哪里。

爱丽丝:我不在意去哪。

柴郡猫:那么你走哪条路就无关紧要了。

爱丽丝：……只要我能到达某个地方。

柴郡猫：哦，只要你走得够久，你一定会做到的。

就像柴郡猫说的，如果你不知道你要去哪里，那么你走哪条路其实并不重要。但在现实生活中，这确实很重要。在我们的教育环境中，我们带着孩子去哪里以及如何去那里确实很重要。这对孩子们来说很重要，对他们的父母来说也很重要，甚至对我们来说也很重要。

思考一下，你想让孩子在离开你前学到什么，这是需要和你的同事讨论的一个重要问题。

现在试试这个

可以帮助你确定教育目的的问题包括：

• 我们希望我们的孩子能够做到什么（例如，当他们离开我们，进入下一个教育阶段时）？

• 我们希望孩子们重视并培养什么样的学习态度？

• 我们希望鼓励孩子习得哪些社交和情感行为？

在这一章的最后，我们还介绍了一个"菱形排序"（Diamond Nine）的活动，关于幼儿园和学校里的孩子应该学习的东西。这是一个很好的展开谈论的方式，即作为一个团队或队员，什么事情对你来说是重要的。

在整本书中，有很多"现在试试这个"的建议，可以帮助你和你的同事反思孩子的早期学习经验。这是第一个。

如果你和你的同事思考过这些问题，或者在第 1.7 节中尝试过"菱形排序"，你会发现把你的想法分成三类是非常有用的：态度、技能和知识。这些在态度—技能—知识模型（ASK Model，简称 ASK 模型）中被结合在一起。詹姆斯在他的第二本书《鼓励学习》（*Encouraging Learning*）（2013）中首次提出了这个模型，而本书所讲的是一个改编版本，适用于年龄较小的孩子。

1.3　ASK 模式

ASK 分别代表态度（Attitudes）、技能（Skills）和知识（Knowledge），具体由这些关键要素组成（见图表 1）：

图表 1　ASK 模式

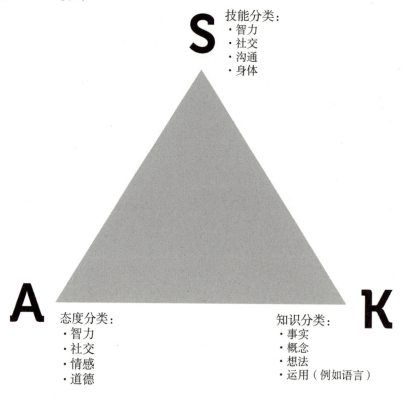

- 态度：对待学习的积极态度，包括好奇心和尝试的意愿

- 技能:完成某件事所必需的执行能力
- 知识:熟悉事实、概念等信息

ASK 模式有助于确定你希望孩子培养的态度、技能和知识。

ASK 模型通常被描绘成三角形。这意味着你可以沿着三角形的一条边画出任何活动。因此,如果将一个活动放在图表 1 的底线上,就表示对态度(A)和知识(K)的强调。

当以三角形的形式绘制时, ASK 模型可以作为计划和反思工具。

沿着三角形的一边绘制一个点, 可以显示激活了学习的哪两个方面。

例如, 如果在三角形底部画一个 X 点, 则其将代表一个活动, 反映该活动增强了某种态度 (例如, 谨慎), 同时也增强了某些知识 (例如, 卫生知识)。

例如,学习活动的目的可以是思考将 8 块巧克力分配给 6 个孩子的最公平的方法。这将涉及儿童锻炼他们的道德态度(A)与如何公平分享的知识(K)。

另一个例子则可以是设计一个帮助孩子对他们刚刚听到的故事提出问题的活动。这将是在提问技能(S)(一种智力技能)和揭示关于故事的信息或知识(K)之间的平衡。

当幼儿在学习走路时,周围的成年人可能会鼓励他们继续走下去,不要放弃。用 ASK 模型的术语来说,这是用走路的身体技能(S)来培养情感态度(A)中的决心。

在接下来的几页中,我们给出了一些你可能希望和你的孩子一起培养的态度和技能的例子。这些绝不是详尽的清单。相反,它们旨在给你一些启发,并更好地解释我们所说的 ASK 模型的含义。

1.4　ASK 模式：态度

教育心理学的先驱之一列夫·维果茨基(Lev Vygotsky)就文化学习进行了详尽的论述。他认为孩子们从周围的人身上学习:嘲笑什么、害怕什么、尝试什么、避免什么等等。他强调,孩子们会从长辈那里习得心理和生理习惯,我们对事物的反应方式可能比我们与孩子们分享的知识对幼儿的影响更大。换句话说,孩子们通过与我们对话接受了我们的许多态度和价值观。对我们这些生活中有孩子的人来说,这是一项艰巨的责任!

当然,这世上没有态度的等级制度或详尽清单,至少我们没有发现它的存在,但以下是我们遇到过的最好的学习者所展示的一些态度。最热情和最有能力的学习者是:

- 充满惊奇的;
- 有求知欲的;
- 愿意尝试的;
- 愿意从错误中学习的;
- 专注于有关联性的事物的;
- 有决心的;
- 乐于接受新思想的;
- 有策略的。

为了解释如何帮助您的孩子培养这些态度,我们鼓励您阅读第 6.2 节,示例 1。

这张清单显示了一些你可能希望你的年轻学习者养成的态度。

思考一下态度、技能和知识对孩子成长和发展的影响。

比较一下你教导的两个孩子。分别列出最近进步很大的孩子与目前进步不大的孩子的态度、技能或知识。

	进步很大的孩子	进步不大的孩子
1.		
2.		
3.		
4.		
5.		

一旦你确定了这两个孩子之间的五个不同之处，再写下三个可以帮助不太成功的孩子取得更大进步的行动。

行动 1		
行动 2		
行动 3		

1.4.1　棉花糖实验

一个比较著名的例子是应该鼓励幼儿培养自我控制的态度。只要提到"棉花糖实验",许多接触过幼儿教育的人就会对该案例研究至少有一个模糊的记忆。

培育孩子态度的一个很好的例子就是愿意等待。

1972 年,斯坦福大学的心理学家沃尔特·米歇尔(Walter Mischel)进行了一项实验,以找出延迟满足的特征——等待你想要的东西的能力——是什么时候在孩子身上出现的。自那以后,这个实验被重复了很多次,包括在 BBC 的系列节目《我们时代的孩子》(*Child of Our Time*)中(Mischel,2011)。

最初的实验涉及 600 多名 4—6 岁的儿童。坐在一间空房间里,孩子们得到了他们自己选择的食物——饼干、椒盐卷饼或棉花糖。他们每个人都被告知可以吃选择的点心,但是如果他们可以等 15 分钟再吃的话,他们就会再得到一份。

棉花糖实验表明, 培养孩子的等待能力是多么重要。

我们鼓励你在网上观看一些类似实验的视频片段。在视频中,你会看到一些孩子拒绝看他们的棉花糖,一些孩子则会从手后面偷看它,一个男孩在舔盘子而非棉花糖,甚至还有孩子将棉花糖当做宠物一样去抚摸它!

总之,大约有三分之一的孩子能够延迟他们的满足感,直到他们得到第二颗棉花糖。当然,孩子越大,他成功做到的可能性也越大,但米歇尔从后续研究中还发现:

不能等待的孩子更有可能在家里和学校出现行为问题;他们的考试成绩较低;更常见的情况是难以应对压力状况或集中注意力;且更难维持友谊。

棉花糖实验

　　能够等待的孩子也渴望得到食物，但他们能够通过遮住眼睛、玩捉迷藏或唱歌来分散注意力。他们的欲望没有被驱散，只是被遗忘了。

　　在实验中，等不及要吃棉花糖的孩子在以后的生活中表现出更高的行为问题发生率。

　　而那些成功等到第二颗棉花糖奖励的孩子在晚年生活中表现出更高的幸福感和稳定性。

　　在第一次实验的 40 年后，研究者追踪了 60 名最初的参与者，并邀请他们参加一项新的研究。研究人员向他们展示了一系列的表情闪卡（flash cards），这些闪卡上的表情有高兴的、中性的，也有害怕的，然后要求他们每看到一张可怕的脸就按一次按钮。

　　这似乎是一项简单的任务，但正如与米歇尔一起进行测试的神经心理学家凯西（B. J. Casey）所解释的那样："一张快乐的脸是一种难以抗拒的社交线索。"结果显示，那些在年轻时很难延迟满足的参与者，在看到一张快乐的脸时，也很难抗拒按下按钮。

　　实验结束时，许多参与者躺在脑扫描仪中重复测试。自我控制能力较强的参与者的大脑中与风险规避相关的部分表现得更活跃，而自我控制能力较差的参与者的大脑中与奖励和成瘾相关的区域表现得更活跃。

　　这项研究的结果提倡帮助幼儿发展等待或延迟满足的能力。告诉他们不应该想要什么，是没有帮助的；相反，我们可以通过教授策略来帮助他们转移注意力，专注于其他事情、展望未来、制定计划等等。顺便说一句，这也是那么多人节食失败的部分原因——我们把注意力集中在不应该吃的食物上，而不是寻找更健康的食物或活动来分散我们的注意力。

　　增加孩子推迟满足的意愿可以带来显著的积极结果。

现在试试这个

　　培养自我控制的态度

　　自我控制随着成长和练习而发展。气质也起了一定作用。冲动的孩子可能需要更多的指导，尤其是在令人兴奋或分心的情况下；习惯反思的孩子则可能会表现得更自律，但实际上他们只是更保守。无论哪种方式，解释特定规则背后的原因、教孩子们如何集中注意力、唤起他们的公平感，都应该有助于培养他们的态度。示范自我控制也总是有帮助的！

　　建议的活动：

　　1. 告诉孩子们即将到来的激动人心的活动或事件，然后让他们注意在此期间可以使用的等待策略。

　　2. 为孩子们设定一个中长期目标，让他们收集足够的代币来获得"奖品"。

　　3. 玩等待游戏。例如，提出一个问题的 10 秒钟后，孩子们才能给出答案。

　　4. 使用日常计划来展示当天的主要活动。在等待更激动人心的活动开始之前，让孩子们注意到一些他们可以做的事情。

　　5. 谈谈你用来等待的策略。当你这样做的时候，示范"等待"的语言，比如"到目前为止""不久""随后"和"直到"，这样孩子们就能把词语和行动联系起来。

　　6. 在游戏中，为指令设置一个开关，这样孩子们在做出反应前需要多思考。这发展了自我控制，因为孩子们需要检查自己的反应，而不是自动回应。例如，玩"头、肩膀、膝盖和脚趾"游戏，但是要反转指令；当你说"头"时，他们应该摸自己的脚趾，或者当你说"肩膀"时，他们应该摸自己的膝盖。

1.5　ASK 模式：技能

除了帮助孩子培养学习态度，还应考虑到孩子学习过程中所需要的技能。下面是一个不太详尽的清单，但它将为你提供一个参考，并支持本书后面的一些活动。

智力技能——包括：

- 专注力；
- 记忆力；
- 连结力；
- 理解想法；
- 提出观点；
- 提问。

社交技能——包括：

- 结交朋友；

- 理解他人的不同想法；
- 恰当回应他人；
- 独立工作和团队合作；
- 鼓励他人；
- 影响他人。

沟通技巧——包括：

- 清晰沟通；
- 倾听他人；
- 恰当的反应；
- 礼貌地提出要求；
- 理解肢体语言和语气语调；
- 选择一个合适的时间交谈。

身体技能——包括：

- 写、涂、画；
- 操纵物件（例如用乐高积木构建模型）；
- 捕捉并投掷物体；
- 跳舞、表演、唱歌；
- 平衡和骑行（例如骑自行车或踏板车）；
- 爬、端坐、参加一项运动。

当然，这些技能中有许多是重叠的。写作、绘画和涂画不仅是身体技能，也是智力技能。我们在第四章中提供了一些可以培养孩子的学习技能和态度的活动。然而，最重要的是思考和寻找提高孩子的态度、技能及知识的方法。通过正确的平衡，你会给孩子一个很好的开始。

1.6　学习侦探

学习侦探是我们的前同事路易丝·布朗（Louise Brown）提出的一个想法。她开发这种方法是为了帮助她的 4 岁和 5 岁的孩子思考他们正在学习的东西。我们还写了关于它在《通过对话进行挑战性学习》(*Challenging Learning Through Dialogue*)(诺丁汉,诺丁汉,伦顿,2017)和《通过反馈进行挑战性学习》(*Challenging Learning Through Feedback*)(诺丁汉,诺丁汉,2017)中的适应性。

学习侦探指的是被提名"不参与"主要学习任务的儿童。他们的工作是寻找学习的"线索",如倾听、提问、集中注意力、记忆和轮流,等等。在接下来的几页中,您将发现示例线索和给予儿童的视觉提示。根据我们的经验,这种方法对 4 岁以上的孩子很有效。

侦探学习法帮助孩子们专注于"如何"学习。

介绍学习侦探的一个好方法是对你的孩子说一些类似这样的话:"哇,你已经学了这么多东西了。你学会了走路和说话、要东西、交朋友和骑滑板车。你到底是怎么做到这一切的?"

孩子们可能会说:"我们很努力。"你可以回答:"嗯,这是学习时要做的一件重要的事情。让我们把它作为我们侦探型学习的线索之一。那么,还有什么帮助你学会走路、说话和交朋友呢?"然后他们可能会说:"寻求帮助。"你可以将此添加到你的线索清单中,供孩子们探测。通过这样做,你可以创建一个初始清单,并随着时间的推移在此基础上进行建构。

使用侦探学习有很多方法。这个清单给出了一些例子。

你下一步做什么将取决于孩子的发展阶段。以下是一些可能性:

1. 从 1—4 个孩子中指定一个成为学习侦探。

2. 给他们一个道具来表明他们被选为侦探:可以是一顶帽子、一个放大镜、一个记事本、一个相机,或者仅仅是他们在一张卡片上寻找的线索。

3. 在接下来的几页中,选出一张卡片打印,并给每一位正在学习的侦探一条线索。

4. 让每个侦探寻找她的"线索"的例子。例如,如果她拿到了"倾听"卡,那么她应该寻找其他孩子倾听的情况。

5. 学习侦探应该把他们在行动中发现的线索记录下来。例如,他们可能写下他们看到正在倾听的人的名字,或者他们会给正在倾听的人拍照,或者他们可能会向一个成年人指出那个人。

> 你挑选成为学习侦探的孩子会寻找学习的"线索",比如思考、倾听和提问,等等。

一旦学习侦探收集了一些他们正在寻找的线索的例子,那么你就应该把所有的孩子(学习侦探和其他孩子)召集起来一起探讨这些发现。这是这个过程中非常重要的一部分。

> 一旦学习侦探收集了他们的线索,把你所有的孩子聚集在一起来回顾他们的发现。

当你把孩子们聚集在一起后,请让学习侦探们说出他们正在寻找的线索和他们找到的例子。例如,正在寻找倾听例子的学习侦探应该告诉其他孩子他们在寻找什么以及找到了什么,比如他们看到谁曾很好地倾听他人。

然后,你应该质疑他们的发现,让他们有更多的机会表达自己的想法。例如:

你:你在寻找什么学习线索?

幼儿:倾听。

你:这代表什么?

幼儿:使用你的耳朵。

你:那么,谁在倾听呢?

幼儿:萨拉和约翰在听。

你:你是怎么知道的?

幼儿:因为他们看着说话的人。

你:但是我们是通过看来听的吗?

幼儿:不,我们用耳朵听。

你:那为什么看着说话的人是个好主意呢?

幼儿:因为他们能看到并知道你在倾听。

詹姆斯:顺便说一句,在这段对话中给出的答案展现了我最近与一群4岁的学习侦探的真实互动。在我看来,孩子们试图解释通过你在倾听的表现来鼓励说话者的重要性。当然,孩子们还没有语言技能来准确地解释,但我想你可以看出,他们至少尽了最大的努力。

不管怎么说,问这些问题的目的不是想把孩子们抓出来。事实上,恰恰相反:我们是为了帮助孩子们明确表达他们的想法来支持其学习。这也给其他孩子提供了理解什么是倾听、专注、轮流等术语的机会。许多孩子已经知道这些词的意思,但其他人可能不太确定,这就是为什么向孩子们解释这些词是很重要的事。

鼓励你的孩子谈论他们的发现,并质疑每条线索的意义,这将有助于加深每个人对学习行为的理解。

儿童不能完全理解诸如此类术语含义所带来的影响在教育环境中经常可见。例如,如果你询问英国一所小学的孩子谁在倾听,你会看到大多数孩子会把食指放在嘴唇上。就像照片上所展示的那样。如果你看向那张照片,你会觉得这个男孩看起来确实像是在专心听老师讲课。然而,一些孩子——甚至是在同一个班级中的孩子——会认为将他的手指放在嘴唇上的姿势足以"证明"他在倾听。这就导致一些孩子虽然会把手指放在自己的嘴唇上,但仍然会继续说话,分散别人的注意力。当有人告诉他们,他们没有在听时,他们会做出愤怒的反应:"我确实在倾听!""我的嘴唇上放着一根手指!"

我们怀疑原因是老师们经常"嘘"孩子们,希望让他们安静下来,那时他们会把食指放在嘴唇上。一些更细心的孩子模仿了这个举动,并因此受到表扬。所以其他孩子也会模仿他们,把手指放在嘴唇上,但他们中的很多人没有意识到,这样做意味着必须停止说话,开始集中注意力!

这里的关键是概念要清晰,通过学习侦探的发现来探讨会有很大的帮助。

手指放在嘴唇上来证明你正在听

　　关于如何帮助你的孩子从学习侦探策略中学到最多东西的更多信息，我们鼓励你阅读 6.2 节，示例 2。

　　图表 2 中的学习侦探卡可以用作对你的孩子的提示。根据孩子的年龄，你可以在任何时候给他们 1—5 条线索。

1.7　本章小结

本章包括以下要点：

1. 每个教育环境都有自身的文化，你希望你的环境拥有什么样的文化？

2. 除了自由游戏，我们提倡早期学习还要包括特别设计的学习活动，这些活动可以扩展、激发和吸引幼儿。

3. 幼儿园与植物苗圃有一些共同之处：它们都培育、照料、供养和保护年轻的孩子，使更多的孩子茁壮成长。

4. ASK 模式可以帮助幼儿形成和组织学习。

5. 学习侦探策略是帮助孩子思考和谈论他们的学习的好方法。

图表 3 中的卡片可以帮助你完成这个反思活动。

现在试试这个

与你的同事一起，将图表 3 中的卡片放入 9 张卡片的菱形排序中，以显示哪些学习意图是最重要的（将它们由下至上放至顶部），哪些是最不重要的（将它们由上至下放至底部）。（第 38 页）①提供了菱形排序的示例。

① 此处页码为原书页码，请参照本书两侧边页码查找。——编辑注

图表 2　学习侦探卡

活动 图表2:学习侦探卡 1-1 **倾听**	活动 图表2:学习侦探卡 1-2 **提问**	活动 图表2:学习侦探卡 1-3 **轮流**
活动 图表2:学习侦探卡 1-4 **给出理由 (通过说出"因为……")**	活动 图表2:学习侦探卡 1-5 **记忆**	活动 图表2:学习侦探卡 1-6 **有耐心**
活动 图表2:学习侦探卡 1-7 **建立联结**	活动 图表2:学习侦探卡 1-8 **一起游戏**	活动 图表2:学习侦探卡 1-9 **做决定**

续

活动 图表2:学习侦探卡 1-10 **达成一致** 	活动 图表2:学习侦探卡 1-11 **专注** 	活动 图表2:学习侦探卡 1-12 **观察** 
活动 图表2:学习侦探卡 1-13 **分享想法** 	活动 图表2:学习侦探卡 1-14 **做实验** 	活动 图表2:学习侦探卡 1-15 **思考** 
活动 图表2:学习侦探卡 1-16 **假装** 	活动 图表2:学习侦探卡 1-17 **想象** 	活动 图表2:学习侦探卡 1-18 **帮助他人学习** 

续

活动	活动	活动
图表 2:学习侦探卡 1-19	图表 2:学习侦探卡 1-20	图表 2:学习侦探卡 1-21
探究	展示	解决问题

活动	活动	活动
图表 2:学习侦探卡 1-22	图表 2:学习侦探卡 1-23	图表 2:学习侦探卡 1-24
寻求帮助	发明游戏	理解他人情绪

活动	活动	活动
图表 2:学习侦探卡 1-25	图表 2:学习侦探卡 1-26	图表 2:学习侦探卡 1-27
遵从指示	提供指引	寻找信息

图表3　学习意图示例

活动 图表3:早期学习目标 1－1 学会结交朋友	活动 图表3:早期学习目标 1－2 学会走、跑、跳	活动 图表3:早期学习目标 1－3 准确地数出 1—20
活动 图表3:早期学习目标 1－4 解释想法和 提问	活动 图表3:早期学习目标 1－5 表现恰当的 情绪	活动 图表3:早期学习目标 1－6 培养自信心
活动 图表3:早期学习目标 1－7 积极倾听他人	活动 图表3:早期学习目标 1－8 识别并描述 模式	活动 图表3:早期学习目标 1－9 管理个人卫生

第二章　儿童对挑战的反应

> 培养强壮的儿童比修复脆弱的成人容易。
>
> 弗雷德里克·道格拉斯(Frederick Douglass，1964)

2.0　你会选择哪条路？

我们邀请你向你的孩子展示下页的照片，然后询问他们想选择哪条路径。令人高兴的是，大多数儿童选择了右边的那条道路。

然而不幸的是，随着孩子们年龄的增长，越来越多的孩子选择了更容易的选项——尤其是当他们要在两个学习任务而不是两条穿过树林的路之间做出选择的时候。

我们之所以请你考虑"路径问题"，是因为我们在约翰·哈蒂(John Hattie)的开创性著作《可视化学习》(*Visible Learning*，2009)中第一次读到：

> 学生对学习的选择和控制影响动机结果的程度(d=0.30)略高于对后续学习的影响程度(d=0.04)(尼米克、斯科尔斯基和瓦尔贝格，1996；帕托、库珀和罗宾逊，2008)(Niemiec，Sikorski 和 Walberg，1996；Patall，Cooper 和 Robinson，2008)。

值得注意的是，影响学生成绩的因素典型效应量是0.4，而给予儿童选择则只有可怜的0.04。确实，你可以说给予儿童选择拖慢了他们的学习速率！

研究表明，当给孩子们选择的机会时，很多孩子会选择更容易的选项。这样反而会导致学习到的东西变少。

通往挑战的道路

你会选择哪条路？

　　我们要认清一点：哈蒂并不是说"不要让孩子选择"。相反，他对数千项研究的分析回应了这样一个问题：为什么给孩子选择权会提高他们的积极性，却降低了他们的学习能力？ 也许更重要的是，我们能做些什么呢？

　　这些研究不是建议不给孩子选择的机会！而是在思考如何使具有挑战性的选择对孩子们来说更有吸引力。

　　当我们第一次看到这一统计数据时，我们的反应是："胡说八道！那不可能是真的。如果是真的，那么它必定只适用于学龄儿童，因为在早期，孩子们总是有选择的机会，但他们似乎学到了很多。"

但是,让我们回过头来看看照片,并考虑以下问题:如果左边的路径表示儿童可以轻松完成的活动,而右边的路径表示看起来具有挑战性的活动,那么有多少儿童可能更倾向于选择简单的活动?

即使是小孩子也倾向于选择自己擅长的活动,不是吗?已经会骑自行车的人更倾向于骑自行车;那些比别人更擅长使用画笔的人会参加绘画活动;而那些善于表达和自信的人更有可能参与社交游戏。换句话说,如果孩子在某件事上已经很有能力,他们就会一遍又一遍地做。然而,如果他们认为自己不擅长某件事,那么他们不太可能去尝试,除非有其他人的引导或鼓励。

所以,换句话说,如果孩子们被他们能做的事情所吸引,那么也许我们不应该对他们不愿尝试一些超出他们舒适区域的事情感到惊讶。

现在试试这个

在我们深入讨论这个问题之前,请利用这个机会想一想,为什么孩子们会选择他们能做的事情,而不是他们还不能做的事情。

理由 1

理由 2

理由 3

2.1 为什么孩子们会选择更容易的道路?

我们的很多工作都在斯堪的纳维亚,那里的人们用"冰壶父母"(curling parents)这个词来形容那些让道路变"平滑",帮助他们的小宝贝走得更远的父母。也许这就是为什么孩子们不再像以前那样爱冒险了:因为他们的冰壶父母。当然,在一两代以前,大多数孩子会在外面无忧无虑地玩耍,没有一个成年人在旁。如今,越来越多的孩子会在一个负责任的成年人的监督下,从一个有组织的活动转到另一个有组织的活动。如果孩子们被"放养",就必须随身携带手机,这样他们就可以定期更新自己的行踪。难怪孩子们越来越依赖他们的冰壶父母!

> 冰壶父母是指那些想让孩子的"道路"更顺畅、问题更少的父母。

冰壶父母

然而,或许责备父母太容易了,而且,老实说,这本书根本就不是关于社会变化的;它是关于 3—7 岁孩子的教育。所以让我们来考虑一下在我们自己周边的环境中会发生什么。我们参与了多少"冰壶活动"? 我们隔多久就会为年轻的孩子们寻找让事情变得更简单的方法? 我们看到一个孩子努力想要完成某事,所以我们给予他帮助。有一个孩子即将犯错误,所以我们介入以确保他/她第一次就做对了。有一群人尝试决定谁应该第一个、第二个或第三个去做事情,而我们会突然介入为他们做决定,因为这样做更容易!

为孩子铺平道路的不仅仅是父母;许多早教学校中的成年人也是这么做的。

当然,我们并不是说成年人永远都不应该帮助孩子——远不至此!然而,我们想知道的是,这么多孩子选择简单的选项的原因之一是不是因为他们已经知道,成年人只是希望他们做对。大人们看到孩子们做对了会祝贺他们,看到孩子们做错了就会同情他们。所以现在的选择就变成了你是想因为你做得很好而得到表扬,还是想得到关于你如何改进的反馈?

随着孩子们逐渐长大,这种状况似乎会更加恶化。试问在校的学生,这些分数中哪一个更容易受到表扬:

6/10　　10/10

获得这两个分数的孩子中哪一个孩子更容易受到表扬?

当然,大多数孩子会说是满分 10 分时得到 10 分。现在问他们在什么活动中他们最有可能得到满分,他们会指出对自己来说最容易的任务。

因此,他们再一次被鼓励选择容易的道路。

如果孩子们认为自己做对了事情就更有可能受到表扬,那么他们就更有可能倾向于做更简单的事情。

再想想当学生在学校里感到困惑或犯错误的时候:他们的老师有多少

次以保密的方式帮助纠正错误,以免学生在他们的朋友面前暴露? 当然,现在越来越少的老师选择公开羞辱孩子是一件好事,但是想想这种秘密方法的隐含信息是什么:错误是会让人感到羞愧的,所以我会通过悄悄地帮助你来保护你的自尊心。

在你担心我们是在提倡恢复点名和羞辱这种有太多的人在我们的年轻时遇到过的方式之前:我们不是! 我们说的是,对待这种事情还有更好的办法。其中一些将在章节 5.1 中进行深入讨论。现在,我们想指出的是,如果错误被视为令人尴尬的事情,那么我们还是在鼓励孩子们走一条更容易、问题更少的道路。

詹姆斯:最近,我们全家骑自行车出游。我们 3 岁的女儿坐在我的自行车后座上,一路上滔滔不绝。我们 10 岁的女儿跳上自行车,自信地骑着走了。我们 7 岁的儿子刚得到一辆新自行车作为生日礼物,你知道一般是怎么回事:买一个稍微大一点的车架,这样自行车可以用得久一点! 所以他跳起来,摇摇晃晃地骑走了! 他继续前进,但他的摇摆远远超过了我所希望的。

在骑车的过程中,我问自己,在这次骑行中,哪一个人对骑车的了解最多? 答案当然是我 7 岁的儿子哈利(Harry)。他已经离开了自己的舒适区,因此必须比他的姐妹们更专注。他正在学习如何操作一辆更大的自行车;他正在学习更多关于平衡的知识;他正在学习如何使用齿轮(这是他骑过的第一辆有多个齿轮的自行车)。我们的女儿们很享受这次旅行,但她们学的东西远不如她们的兄弟多。

> 当我们教孩子骑自行车的时候,我们会在他们还在学习阶段的时候给予他们很多表扬。当他们走出自己的舒适区,摇摆不定(但不放弃)的时候,正是最适合鼓励他们的时机。

想想你开车的时候。当你每天从家开车去上班时,你几乎可以自动驾驶。你不需要考虑你的驾驶,因为它很容易就能做到。然而,想象一下开车到一个完全不同的地方:也许是外国一个繁忙的城市,方向盘在"错误"的一边! 那么你需要集中多少精力呢? 你能够学到多少东西呢?

在教育方面也是如此：我们最应该表扬孩子的时候，是他们在为某事挣扎，但又没有放弃的时候。这比表扬孩子做了他们已经能做的事情要好得多。

回到骑自行车的话题上，如果我对哈利说："儿子，我觉得你太晃了，你为什么不下车步行呢？或者为什么不让你姐姐扶着自行车在你旁边跑，这样你就不会晃得太厉害？"你会怎么看我这个父亲呢？如果我那样做了，你肯定会想，那准是斯堪的纳维亚人常说的那种冰壶父母之一！又或者，当你在一个外国城市开车时，你身边的乘客会主动向你提出不该做什么的建议。这些"后座司机"会招人喜欢吗？

问题是：在我们早期的童年环境中，我们多久会充当一次"后座司机"或者进行一次"冰壶教育"？当一个孩子努力想把事情做好时，我们中有多少人会冲到他身边当助手？当一个孩子不能完全控制自己时，我们会不会经常"走在她身边"，希望给他们鼓励和支持？我们甚至会为孩子们计划活动，而这些活动则是基于他们能够完成的事情，而不是基于会使他们摇摆不定的事情。当然，这种情况并不总是发生，但也发生得很频繁了。

再次强调：当我们这样做的时候，当我们走在他们身边，引导他们，或者阻止他们晃的时候，我们给孩子们传达了什么信息？我们可能会说我们来这里是为了提供帮助，但不幸的是，我们也在说：离开你的舒适区并不是一件好事。与其挑战自己，冒着做错的风险，不如谨慎行事，把事情做好。难怪有这么多孩子在选择的时候选择了更容易的道路！

现在试试这个

在一周内随机选择三个时间，例如星期一上午 10 点、星期三下午 12:30 和星期四下午 2 点。在这些时间里，把儿童选择参与他们已经可以做的活动和选择去尝试他们舒适区域之外的活动的数量进行比较。

　　与你的同事讨论调查结果，回答以下问题：

　　1. 选择简单道路和选择有挑战的道路的孩子数量告诉你，他们对学习的态度是什么？

　　2. 你发现了什么让你惊讶的事？

　　3. 你下一步能做什么来鼓励更多的孩子更多地选择走出他们的舒适区？

2.2　劝说孩子们走出自己的舒适区

　　这个关于家庭骑自行车的故事中只有三个孩子，而且，即使在那个时候，也只有一个孩子在他的舒适区之外。在我们的教育环境中，我们的孩子远远不止三个！那么，我们究竟该如何让他们都走出舒适区呢？

　　这就是为什么我们在本章开始时讨论了孩子们的选择。如果我们能说服孩子们更好的选择是更具挑战性的选择，那么我们就不需要自己全程引导，孩子们会自己寻找机会。举个例子，假设我们的大女儿在骑车时对我们说："我可以去趟山地车道吗？然后我们在另一端见。"甚至是"爸爸，我可以试试骑你的自行车吗？"或者，"我可以试着骑一辆特技自行车，这样我就可以尝试不同的特技了？"那么，我们（成年人）就不必整天想着如何挑战我们的孩子了。相反，孩子们会寻找挑战自己的方法。换句话说，当孩子们在未来被给予选择时，他们的学习将会增加，因为他们选择了具有挑战性的选项；而不是像研究表明，由于选择了更容易的选项而减少学习。

　　如果我们鼓励和表扬孩子最多的时候是在他们离开自己的舒适区时，那么我们就会给他们留下这样的印象：有挑战性的选择是更好的选择。

让我们想一下这样一个广告，它以一个延时拍摄的视频开始，视频显示了有多少人选择乘坐自动扶梯而不是从地铁站走楼梯上去，然后广告商把这些台阶变成了键盘，这样人们在走楼梯的时候就能演奏出一段旋律来，从而使这些台阶更具吸引力。然后这种平衡立刻发生了改变，为了健康，更多的人会选择走楼梯而不是乘坐自动扶梯。

想象一下，如果我们能在我们的环境中做到这一点：让"更健康"的选项（即孩子们从中学到最多的选项）成为更吸引人的选项将会带来什么样的改变。

打破挑战和"困难"之间的联系就是一个很好的起点。不仅仅是孩子，很多人都把挑战和困难联系在一起。如果我们对孩子们说，"我要挑战你"，那么太多的孩子会把这理解为"我要让事情变得更困难"。"哈哈！"他们会想，"不，谢谢！我想我不会去的！"实际上，我们当中有多少人希望今年的处境会比去年艰难得多呢？我们怀疑没有多少人会选择这个！

为了鼓励你的孩子选择更具挑战性的选项，不要把它们描述为"困难的"。

相反，用"有趣的"描述具有挑战性的选项。

所以，让我们尽可能以最好的方式让我们的孩子们开始，并说服他们，挑战并不等同于困难。相反，让我们说服孩子们：

容易很无聊，而挑战则很有趣。

再次参阅本章开始的图。如果我们问孩子们哪条路看起来更困难，他们都会选择右边的那条。然而，如果我们说哪一个看起来更"有趣"，那么，即使他们仍然会选择右边的那个，他们中的很多人会更倾向于尝试它。有趣比困难更有吸引力，不是吗？

所以，当我们看到孩子们很容易地完成某件事时，我们可以说，"哇，你觉得这真的很容易，不是吗？我们把它弄得更有趣好吗？"孩子们很可能会说好，因为大多数人喜欢有趣的事情。因此你就增加了任务的难度！你不把它说成困难，而是说这更有趣，但其实是一样的：说服孩子们走右边的路更好。只是这一次，你把它称为"有趣的"选项，让它更有吸引力，这样，以后当面临选择时，孩子们更有可能去寻找其他更"有趣的"选项。

> 当你看到孩子们一遍又一遍地选择更容易的选项时，你就会说："为什么我们不把它变得更有趣呢？"（然后让它们更具挑战性）。

> 当孩子"摇摇晃晃"的时候，你要表现出你是多么地高兴，因为他们愿意走出自己的舒适区，尝试真正"有趣"的事情。

对于"摇摇晃晃"的孩子，不要急着去帮助他们。相反，要像我们教孩子骑自行车那样去做：鼓励他们继续前进。赞美他们的坚持不懈。告诉他们，他们的动摇和不放弃给我们留下了深刻的印象。当他们最终成功时，请关注他们通过自己的努力所取得的进展和成就。

这不会在一夜之间改变人们的态度，但它将是朝着正确方向迈出的一步。的确，说到"一步"，想想那些使用了运动监测器的人的行为变化吧：他们开始寻找机会采取更多的"一步"。他们不坐自动扶梯，而是走楼梯；他们没有在车里一圈又一圈地找离前门最近的停车位，而是把车停在更远的地方，并增加了几个台阶。在大型机场从一个登机口到另一个登机口的旅行中，他们寻找的是可以步行的地方，而不是可以乘车的地方。

换句话说，如果我们改变了目标，那么我们的行为也会随之改变。如果我们的目标是尽可能高效地到达目的地，那么我们就会寻找阻力最小的路径；反之，如果我们的目标是变得更健康，那么我们就会寻找锻炼的机会。教育也是如此：如果我们的目标是帮助孩子们在尽可能无痛苦的情况下取得成功，那么我们就会寻找每一个机会来引导、支持和做示范；然而，如果我们的目标是帮助我们的孩子尽可能多地学习，那么我们就会寻找鼓励、挑战和质疑的机会。

这并不是说成功是一件坏事，当然，这通常是一件非常好的事情。但我们说的是专注于完成任务可能会促使成年人代替孩子去做这件事（想想有多少父母为孩子做作业,只是为了让作业不碍他们的事!)。关注并寻找学习机会可能在快速完成任务方面效率不高,但是,从长远来看,这是一个帮助幼儿成长和发展的更有效的方法。

现在就好好理解这个事情,我们将为我们的孩子以后的生活提供非常好的帮助。想想看,有多少青少年被成绩的压力所挤压,有多少老师觉得有义务尽可能高效地完成课程。想想看,有那么多的中小学生和大学生认为教育的目的是"把事情做好",而不是为了学习而学习。

值得庆幸的是,早期的儿童并没有走上这条道路,至少现在还没有。所以,在来不及之前,让我们提醒自己,学习很多东西比尽快完成任务要好。让我们教我们的孩子,尝试新事物,犯错误,走出我们的舒适区,"摇晃"一段时间,都是让学习变得如此有趣的事情!证明自己是好的,但提升自己更好。

2.3 学习的挑战

学习挑战旨在帮助孩子们思考和谈论他们的学习。在某些方面,它是维果茨基的最近发展区(1978)一个对儿童友好的代表,因为它描述了从实际理解到潜在理解的过程。它可以帮助培养一个成长心态(德韦克,2006),鼓励学习者尝试走出他们的舒适区。

詹姆斯:我在2003年创建了"学习挑战"项目,目的是在当时给我的学生提供一种方式,让他们能够在感到舒服的情况下,描述自己走出舒适区的感受。尽管我和他们谈过很多关于摇晃是好的,因为这意味着你在进步,对于错误也不应该感到羞愧,因为它们实际上是学习的机会,但我的很多孩子还是羞于承认他们在挣扎。所以我必须找一个比喻来描述这种情况,这样就不会有负罪感或失败感。学习的挑战就这样诞生了。我已经在《学习挑战:如何引导学生通过学习坑》(*Learning Challenge:How to Guide Your Students Through the Learning Pit*)(诺丁汉,2017)中对此进行了深入的论述。然而,那本书的目标读者是学校和大学的教师,所以这里有一个模型供更年幼的孩子使用。

学习挑战的核心是"学习坑"。一个孩子处在一种认知冲突的状态时,就可以说是处于"学习坑"中。也就是说,他拥有两种或两种以上对他来说有意义的想法,但是两种想法放在一起比较可能就会产生冲突。

有意识地、有策略地在学习者的头脑中创造一种认知冲突的状态是学习挑战的核心。

在与幼儿进行学习挑战时,通常会出现的认知冲突的例子包括:

- 成年人告诉我们要对每个人都友好,但不要和陌生人说话。
- 说谎是不好的,但我说谎是为了做好事。
- 玩具是我们玩的东西,但并不是我们玩的所有东西都是玩具(例如,我们和朋友玩)。
- 朋友很好,但是如果一个陌生人对我很好,那么她仍然不是我的朋友。
- 偷窃意味着拿走不属于自己的东西,但当我们去玩寻宝游戏时,大人们会要求我们尽可能多地找到东西。
- 糖果对我无益,但它们让我感觉很好。
- 我们应该独立思考,但成年人告诉我们要按别人说的去做。
- 一个成年人告诉我要和另一个孩子交朋友,但我可能不是很喜欢那个孩子。
- 我是一个男孩,我非常喜欢粉红色,但是有些人说粉红色是女孩的颜色。
- 我妈妈总是告诉我哥哥不要玩手机,但我妈妈一直在玩手机。
- 吃得太多就是贪吃,但是我爸爸说我应该把盘子里的食物都吃完。

当孩子们思考这些相互矛盾的信息时, 他们可以说是陷入"学习坑"了。

当孩子们思考这些或其他认知冲突的例子时,他们就会陷入"学习坑"。这个比喻很管用,因为这就像离开舒适区一样让人感觉不舒服。虽然有些人认为用(翻越)一座山来比喻可能不那么负面,但在我们看来,这个比喻并不适用。当一个人站在山顶时,可以看到方圆数英里,轻松地选择下一条路线。然而,当你摇摇晃晃地走出你的舒适区时,你就会有一种陷入深渊般的困惑感,而不是在山顶时那种清晰的感觉。所以这是一个学习坑!

需要注意的是,如果孩子们不知道,就代表他们不在"学习坑"里。"坑"代表着从一个单一的、基本的想法到有许多尚未分类的想法的情况。所以,当我们问孩子什么是公平的时候,他说"我不知道",那他就不在"学习坑"里。如果他认为公平就是给予每个人同样的东西,但同时也意识到给予每个人同样的东西并不总是公平的。例如,如果一组中只有一个孩子表现友善,那么给所有的孩子奖励就是不公平的——那么什么才是公平的呢? 如果孩子考虑了很多可能性,还没有得出结论,那么他肯定是在坑里!

> 陷入了"学习坑"并不意味着你"不知道",而是意味着你有很多相互冲突的想法。

学习挑战如图表 4 所示。网上还有像图表 21 和图表 22 等更丰富多彩的版本,但这是原始版本,所以我们以这个版本开始。

图表4　学习挑战

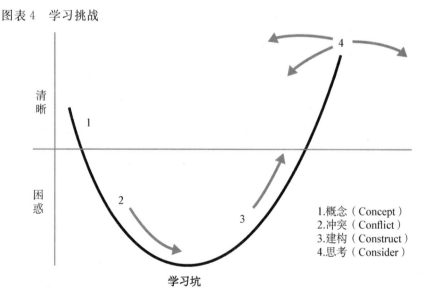

1.概念(Concept)
2.冲突(Conflict)
3.建构(Construct)
4.思考(Consider)

学习坑

学习挑战非常适合 SOLO 分层法。这将在章节 6.3 中详细介绍。我们还在章节 6.2 示例 3 中展示了如何帮助孩子发展对"真实"概念的理解。

2.4　学习挑战阶段 1：确定概念

学习的挑战从一个概念开始。像善良、有梦想、宠物、朋友、形状、超级英雄和健康这样的概念都很适合小孩子。章节 2.5.3 展示了一个完整的列表。

学习挑战从一个概念、主题或想法开始。

当你的孩子对其中的一个或多个概念有了基本的理解后，他们就准备好要进入"学习坑"了。这往往发生在大约三岁以后。

对某物有概念意味着能够识别那个"事物"，并能够将它与其他"事物"区分开来。"我多大了？"是一个事实问题，而"我老了吗？"是一个概念性的问题，因为它需要对意义、用法和解释的探索。这就是为什么概念如此有趣，也是为什么我们需要借助一个概念来开始一段学习挑战之旅。

"真实"的概念对小孩子来说是一个很好的概念。

一个很好的例子是"真实"的概念。什么是真实的，其与虚假或假装有何不同？ 让孩子们对现实产生思考的问题包括：

- 如果我假装是超级英雄，那么我是一个真正的超级英雄吗？
- 是否只有我们能看到的东西才是真实的？
- 看不见的东西是真的吗（例如，空气）？
- 只有生物才是真实的吗？（那被砍成小条的树呢？）
- 能移动或能被移动的东西都是真实的吗？
- 彩虹是真的吗？
- 当你照镜子时，你的影子是真实的吗？
- 谎言是真的吗？
- 真正的朋友和假想的朋友有什么区别？
- 玩具在哪些方面是真实的？

当然，道具总是吸引小孩子的好方法。例如，你可以展示图表 5 中的任何一对照片,并让孩子们判断哪些是真实的,哪些不是。

选择概念的最佳方法之一是通过"Educere"方法来学习。"Educere"是拉丁语的词根,"教育"一词也是由此而来。它的原意是"引出"。所以,不要一开始就给孩子一个概念,你可以鼓励他们从一个合适的刺激中"引出"概念,比如故事、图像、物体或经历。

只有当孩子在开始学习之前对这个概念至少有一个基本的了解, 学习的挑战才能奏效。

记住:学习挑战应该从你的孩子足够理解的概念开始,让他们卷入一些认知冲突中。如果他们对一个概念"不了解",那么冲突就无从说起,因此你就不能把他们带入"学习坑"中。这意味着,让孩子从刺激中提取概念的教育方法是事半功倍的:他们的参与不仅会让他们产生一种归属感,而且还会告诉你哪些概念是孩子准备参与的。

图画书是寻找孩子们能理解的概念的好地方。

也就是说,孩子们可能比乍看之下更能理解一些概念。例如,很多小孩不知道如何使用尺子来测量东西。然而,如果我们试图在比赛开始时让一些孩子站在比其他人更靠前的位置,那么他们都会说这不公平。因此,即使他们可能没有意识到测量总是从零开始,他们也会理解从同一个地方开始的概念。

我们最喜欢用图画书来向孩子们描绘概念。图画书通常都充满了想法和概念,也许它们唯一的缺点就是在一本书中可能有太多的想法和概念了。甚至这些书的封面也足以引出 10—15 个概念。

图表 6 中所列的图书是描绘概念的良好起点。记住:你所寻找的概念应是孩子会想要思考的,并且会引发很多有趣的问题的概念。

以下哪张图片显示的是 "真实" 的东西?
这里是一些我们最喜欢从中抽取概念的图画书。更多建议请参见附录。

图表 5　哪一个是真实的？

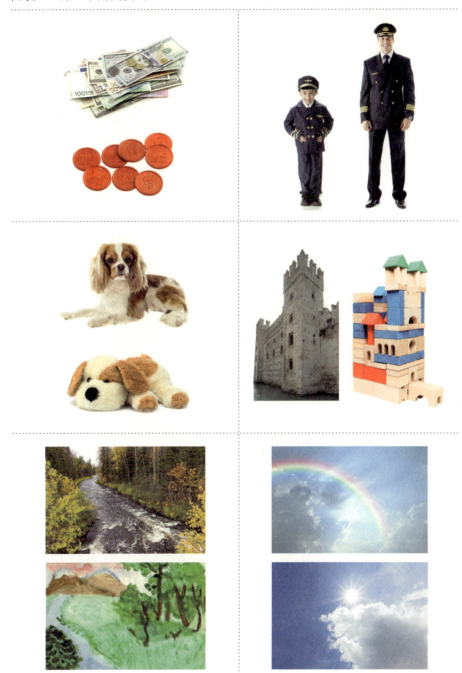

图表 6 从图画书中抽取概念

图书信息	概念	年龄	概述和潜在问题
《不是一个盒子》 （*Not a Box*） 安蒂奥内特·波蒂斯 （Antionette Portis）	想象 假装 游戏 真实 谎言 经验	4+	这是一个关于一只兔子用纸箱玩得很开心的故事。利用自己的想象力,小兔明确表示,盒子可以变成任何他想要的样子。 • 你能想象任何事情吗? • 假装总是好的吗? • 假装和玩一样吗? • 它是危险地想象做某事吗? • 如果你假装快乐,那么你是真正的快乐吗?
《怕黑的猫头鹰》 （*The Owl Who Was Afraid of the Dark*） 吉尔·汤姆林森（Jill Tomlinson）	恐惧 想象力 害怕 动物 不同	3+	谷仓里的小猫头鹰扑普（Plop）害怕黑暗。通过许多不同的鼓舞人心的遭遇,他意识到黑暗终究是令人兴奋的。 • 为什么有些人害怕黑暗呢? • 你能阻止自己不害怕吗? • 有时候害怕也不错吧? 鼓励扑普去研究他听到的声音。这是个好主意吗?
《泰迪强盗》 （*The Teddy Robber*） 伊恩·贝克(Ian Beck) 威尔士矮脚狗儿童书籍	原谅 所有权 原因 偷 玩具 分享	3+	有人在偷泰迪熊。是谁? 泰迪强盗是谁? 当汤姆的泰迪在夜深人静时被人抢走后,他决心弄清楚这个秘密。 • 偷东西是什么意思? • 如果某人有一个很好的理由去偷窃,那就没问题了吗? • 如果你在拿走之后又归还,这是否意味着它不是偷窃? • 有些东西可以偷吗? • 如果我们互相分享所有的东西,偷窃会就此结束吗?

续

图书信息	概念	年龄	概述和潜在问题
《折耳兔奇奇》 (*Flop Ear*) 圭多·凡·西纳顿 (Guido Van Genechten)	不一样 一样 骂人 嘲笑	3+	奇奇有一只耷拉着的耳朵。其他的兔子都取笑他,所以他想尽一切办法来纠正:把胡萝卜塞进耳朵里,倒挂着,还在上面系了个气球,但是什么都不管用。所以,受够了嘲笑后,奇奇决定去看医生,医生告诉他做不同的人很好。在他回到沃伦后,所有其他的兔子都很开心,又都想跟他一样有一只耷拉的耳朵。 • 我们都应该努力变得一样吗? • 与众不同有什么好处? • 如果取笑别人让他们伤心,我们可以那样做吗? • 如果我们看起来都一样会怎样?
《最好的臀部》 (*The Best Bottom*) 碧姬·米妮 (Brigitte Minne) 麦克米伦 (Macmillan)	争吵 比赛 公平 骂人 最好的	3+	所有的农场动物决定进行一场比赛,在农场的院子里找到最好的臀部。当他们都在保养自己的臀部时,他们开始争吵,然后开始打架。与此同时,一只青蛙跳进农家庭院,以为自己不能参加比赛,因为他没有尾巴。(没有尾巴的屁股算什么?)但他把一束鲜花绑在自己的屁股上,却获得了第一名。 • 想要比别人更好可以吗? • 比赛好吗? • 做最好的是什么意思? • 比别人强公平吗?
《我的泰迪在哪里?》 (*Where's My Teddy*) 杰兹·阿尔布劳 (Jez Albrough) 烛芯出版社	害怕 舒服 恐惧 失而复得 爱 尺寸	3+	当埃迪在寻找丢失的泰迪熊时,他在树林里捡到了一只非常大的泰迪熊。这时,他看到一只巨大的熊抱着一只小泰迪熊。大熊和埃迪都意识到自己拿到了对方的泰迪熊。但是,由于害怕对方,他们迅速抓回了自己的泰迪熊,然后跑回床上,紧紧地抱着自己的泰迪熊。 • 我们都需要拥抱吗? • 什么让事情变得可怕? • 大事比小事更可怕吗? • 什么让事情不那么可怕? • 害怕是什么感觉? • 我们都害怕什么吗?

续

图书信息	概念	年龄	概述和潜在问题
《扫帚屋》 (*Room on the Broom*) 茱莉亚·唐纳森和阿克塞尔·舍弗勒(Julia Donaldson 和 Axel Scheffler) 坎贝尔图书	魔法 友谊 帮助他人 真实和不真实 恐惧感	3+	这是一个善良的女巫和她的猫的故事,她和猫骑着扫帚在天空中飞翔时,认识了其他的朋友。无论是对于新手还是对于有经验的老手,这都是一个拥有足够多概念的良好的典型刺激。 • 帮助别人总是一件好事吗? • 是什么让这个女巫成了一个好女巫? • 魔法是真的吗? • 我们应该永远善待彼此吗? • 如果吓到别人是在帮助别人,那么可以这样做吗?
《彩虹鱼》 (*The Rainbow Fish*) 马库斯·费斯(Marcus Pfister) 北南图书	美丽 流行 友谊	4+	彩虹鱼是海里最漂亮的鱼,但是他没有朋友,因为他太漂亮了,不能和其他的鱼一起玩。聪明的章鱼告诉他要和其他鱼分享自己的美丽,这样才能交到朋友。彩虹鱼一个接一个地分享自己亮晶晶的鳞片,并且从取悦别人和结交一群新朋友中获得了一种满足感。 • 美丽是什么意思? • 取悦别人很重要吗? • 是什么让事物变得美丽? • 别人喜欢你有多重要? • 你是否应该和别人分享你的东西,让他们喜欢你?
《小红母鸡》 (*The Little Red Hen*)	努力 公平 奖励 帮忙 分享	3+	小红母鸡找到了一粒小麦,她请求农场里其他动物帮忙种植,但没有一个动物愿意。她后来请求大家帮忙收割小麦,将小麦磨成面粉以及将面粉烘焙成面包。在任何一个阶段,都没有动物来帮助她。最后,小红母鸡完成了任务,询问大家谁愿意来帮她吃面包。这一次,所有的动物都热心地想要帮忙。但小红母鸡拒绝了他们的帮助,她认为在其他阶段没有动物帮助过她,所以她也应该自己吃完。

续

图书信息	概念	年龄	概述和潜在问题
			• 我们为什么要帮助别人？ • 我们应该只因为努力工作而得到奖励吗？ • 只有小红母鸡吃面包公平吗？ • 我们应该总是与他人分享我们所拥有的吗？
《重要的书》 (*The Important Book*) M・W・布朗和 L. 维斯加德 哈珀・柯林斯(M. W. Brown and L. Weisgard)	改变 识别 重要	3+	这本书的模式是作者提出了各种各样的东西，如雨、勺子或雏菊。对于每一项，作者都会列出一些品质或目的，并给出最重要的观点。这本书以"你"为主题结束。 • 重要是什么意思？ • 所有事都重要吗？ • 是什么让某些事情比其他事情更重要？ • 是什么造就了你？ • 如果你换了名字，你还会是你吗？

你可以做的另一个关于"真实"概念的活动是让你的孩子把图表 7 所示的卡片放入两个圆中。给一个圆贴上"真实"的标签，另一个贴上"不真实"的标签。

哪些图像是真实的图像，哪些是不真实的图像？

2.5 学习挑战阶段 2：创造认知冲突

一旦你的孩子开始讨论所选择的概念，你就应该尝试在他们的头脑创建一些认知冲突。

图表 7   是真实的还是不真实的？

想法

梦境

相片

水果

宠物

朋友

续

车

玩具车

一个微笑

一本书

猫头鹰的声音

一只猫的咕噜声

认知冲突是指人们所持有的两种观点之间产生了冲突,他们同意两种观点,但这两种观点是相互矛盾的。例如,我们告诉孩子偷东西是错误的,同时却说侠盗罗宾汉是个好人,或者说宠物是我们家里养的动物,但有些人养的宠物却是不养在家里的马和猪。

> 学习挑战的目的是把孩子们带到学习坑里。这有助于他们越来越适应挑战和摇摆。

> 你可以通过发现你的孩子思维中的矛盾来让他们进入学习坑。例如, 一只泰迪熊在某些方面是"真实"的, 在某些方面却是"不真实"的。

正是这些相互冲突的观点之间的紧张关系,引发了儿童(和成人)对这个概念进行更深入、更长远的思考。换句话说,这就是他们进入学习坑的原因。

詹姆斯:在油管(Youtube)上你可以看到一个短片,内容是我试图在英国莫佩斯幼儿园为一些三四岁的孩子制造认知冲突。首先,我把一个建筑工人的帽子戴在一个女孩的头上,问她叫什么名字,她们都回答说"建筑工人鲍勃"。然后我用一张写着"鲍勃"的纸替换掉帽子,问孩子们她是否还是建筑工人鲍勃,他们就给出了否定的回答。这导致了认知冲突,"当我戴上帽子时,我就是建筑工人鲍勃;但当我取了鲍勃这个名字后,我反而不是鲍勃了"。

如果你看了视频,你就会注意到我不会只问第一个问题;我在不断地提出问题,提出建议,在孩子们的头脑中引发一种认知冲突感。这里建议的活动也一样:一定要问孩子们问题,让他们进入学习坑里。

例如,如果你的孩子说游戏币的照片不是真实的,那么你可以问为什么不是。他们可能会解释说这是"道具钱"。然后你可以说,"这意味着道具不是真实的吗?"他们会说,"道具是真实的",这与其之前说道具钱是道具,所以不是真实的的说法是矛盾的。

我在这里使用的方法是我早期的书中所称的"摆轮"。我有意选择这个术语来唤起在学习骑自行车时体验到的摇晃感,如章节 2.1 所述。这不是试图贬低孩子或让他们觉得自己很笨。实际上,摆轮的目的是相反的:其应该通过参与孩子们的想法和一起探索想法来表示尊重。换句话说,摆轮是让儿童与想法一起玩。

　　摆轮是在年轻学习者的头脑中创造 "摇摆" 的技术。这反过来又帮助孩子们在挑战中变得更加自信。

2.5.1　摆轮（Wobblers）

在孩子的头脑中制造认知冲突的一个好方法就是使用"摆轮"。我们已经创造了很多不同类型的摆轮。最适合小孩子使用的将在这里分享。

摆轮一（如果 A= B）

　　摆轮应该总是以一种好玩的方式被使用。

这包括问某物是什么,把你孩子说的话反过来进行检验,再加上一个矛盾的例子。例如:

提问:什么是朋友?（这是 A）

回答:对我好的人。（这是 B）

提问:那么,如果某人对你很好(B),是不是意味着对你很好的人就是你的朋友(A)? 例如,一个陌生人向你问好。

过程像是这样的:

如果 A= B,那么 B 是否= A?

A 是你考虑的概念,在这里是"朋友"。

B 是孩子的反应,在这种情况下,是"对我好的人"。

现在添加一个与定义相冲突的例子:例如,"一个打招呼的陌生人"或者"给你一张勇敢贴纸的牙医"。

请注意,通过找到这个反例,你并没有证明孩子错了。相反,你是在找一个让孩子多思考一点的例子。

下面是一些使用图表5中插图的例子：

你给孩子看两张照片：一张是一只狗，另一张是一只玩具狗。你问孩子哪一个是真的。孩子可能会给出的答案和你的想法如下：

一只"真"狗和一只"玩具"狗的照片

孩子：那个是真的（指着狗的照片）。

你：为什么是真的？

孩子：因为它会叫。

你：所以，如果有东西会叫，那就意味着它是真的吗？如果我能叫，那我是真实的吗？

孩子：不是。真实的意思是你真的在那里。

你：所以，如果某样东西真的存在，那就意味着它是真的吗？例如，另一只狗（指着玩具狗）看起来也在那里。我们都在这里，所以我们都是真实的，不是吗？

孩子：是的。所以这两条狗都是真的。

你：但是他们看起来很不一样。这样可以吗？

孩子：不可以。因为只有那只（指着"真"狗）会叫，所以那是唯一的真狗。

"真实"建筑和乐高建筑的照片

你：哪一个是真的？

孩子：它们都是真实的。

你：它们怎么可能都是真的？它们俩看起来很不一样。

孩子：因为你可以看到它们两个。

你：所以，如果你能看到某样东西，就意味着它是真实的吗？例如，这个房间里我们能看到的一切，都是真的吗？

孩子：是的。

你：所以，如果我看到你打扮成国王或王后，那你是真正的国王或王后吗？

孩子：不！我们只是玩。

你：那么，这是否意味着如果你只是在玩，你就不可能是真实的？例如，如果我们一起玩游戏，那是否意味着我们不是真实的？

注意我们在做什么：我们在倾听孩子的反应，然后把它们反转过来，加上一个例子。我们并不是在证明孩子是错的。相反，我们试图为孩子寻找更多的理由来思考这个概念。

> 摆轮不能证明任何人是错的。相反，它们制造了一种不确定感，促使孩子重新思考。

回头看看第一个例子，假设我们问哪个是真的，他们说："左边的狗"，我们说，"很好，做得好！"孩子还需要动多少脑筋呢？接下来会有多少"摇摆"？很少！所以，我们建议你使用这个建议来掌握（使孩子摇摆的）方法：

不是我们所有的问题都得到了回答，而是我们所有的回答都受到了质疑。

为了更仔细地检验互动，这里是对第一个对话的编码展示：

(A) 概念。

(B) 孩子的回答。

你：那为什么是真的呢(A)？

孩子：因为那只狗会叫(B)。

你：那么，如果什么东西可以叫(B)，那就意味着它是真的(A)？如果我能叫(B)，那么这让我变得真实了吗(A)？

孩子：没有。真实(A)意味着你真的在那里(B)。

你：那么，如果某样东西真的存在(B)，那就意味着它是真的(A)吗？

现在试试这个

想想孩子可能会怎么回答"什么是朋友？"这个问题，例如，他们可能会说，"朋友是和我一起玩的人"或者"朋友是我喜欢的某个人"。

写下你的孩子可能会说的六个不同的答案：

1

2

3

4

5

6

现在用这个公式来想一些你可以用来在孩子的头脑中制造认知冲突的例子：

如果朋友（A）是……（B），

那么，这是否意味着……（B）是朋友（A）？

这是第一个例子：

如果朋友（A）是和我一起玩的人（B），

那么这是否意味着和我一起玩的人（B）是朋友（A）？

例如，如果一个陌生人现在加入我们，我们都在一起玩游戏，我们都是朋友吗？

摆轮二（不是 A）

另一种让孩子们头脑想法进行摇摆的方法是给"如果 A＝B"加上一个负数。因此，公式会变为：

如果 A＝ B，那么如果它不是 B，它也不是 A 吗？

A 是你正在考虑的东西，例如"朋友"。

B 是孩子的反应，在这种情况下，是"和我一起玩的人"。所以这次，为了制造认知冲突，我们会问：

● 这是否意味着如果你今天不和你的朋友一起玩（不是 B），你们就不是朋友了（不是 A）？

继续关于"真"狗和"玩具"狗的对话：

孩子:没有。因为只有那只(指着"真"狗)会叫,所以那是唯一的真狗。

你:那么,如果一个东西不能叫,是不是就意味着它不是真的? 例如,花不会叫,但它们是真的,不是吗?

孩子:不是塑料的。

你:什么意思?

孩子:塑料花不是真的。

你:那是不是说所有不是塑料的东西(不是 A)都是真的(B)? 例如,玩具狗不是塑料的;它是由蓬松的棉花制成的。

现在试试这个

回头看看你的孩子对"什么是朋友"这个问题的回答。这一次,想办法在他们的头脑中制造认知冲突,使用这个公式:如果 A=B,那么如果它不是 B,它是不是也不是 A?

2.5.2　比较

另一个在孩子的头脑中制造认知冲突的好方法是鼓励他们比较两个或两个以上的概念。这种技巧不太依赖于对话,所以你可能会发现这种方法对那些不善言辞的孩子更有效。

将一个概念与另一个概念进行比较是引发深入思考的摇摆的好方法。

比较的例子适用于年幼的孩子。

它们之间有什么区别:

思考和幻想?

朋友和最好的朋友?

扮演和假装？

选择和决定？

关怀和善良？

悲伤和孤独？

家人和朋友？

形状和大小？

动物和宠物？

房子和家？

秘密和谎言？

爱和友善？

喜欢和爱？

心灵和大脑？

这个列表显示了同义词之间的比较，但是你也可以进行反义词的比较。例如：

真实和假装

勇敢和害怕

动物和人类

朋友和陌生人

爱和恨

安全和危险

快乐和悲伤

健康和生病

说谎和说真话

宠物和野生动物

吵闹和安静

旧的和新的

多和少

热和冷

2.5.3　准备问题

在你和你的孩子开始一个学习挑战活动之前,准备一组问题是一个很好的开始方式,特别是当你在运用一个新方法时。首先,选择一个你想和孩子一起探索的概念。然后想一些问题,让他们开始思考。下面是一些例子:

在接下来的几页会有一些建议的问题, 它们可以被用于创造幼儿思想摇摆。

友好
- 你应该一直对人友好吗?
- 让别人和你一起玩是友好吗?
- 友好是什么样子的?
- 我们应该对每个人都友好吗?

不舒服
- 不舒服是什么意思?
- 仅仅因为你觉得自己不舒服,你就会变得不舒服吗?
- 你会既健康又不舒服吗?
- 悲伤会让你不舒服吗?
- 什么会导致我们不舒服?

颜色
- 你最喜欢的颜色是什么?
- 为什么我们更喜欢某些颜色?
- 我们为什么需要颜色?
- 你的梦和思考是彩色的吗?
- 如果没有颜色,这个世界会是什么样子?
- 如果颜色互换会是什么样子(例如草是蓝色的,橘子是紫色的)?
- 颜色是真的吗?

- 颜色让你感觉如何?

梦

- 做梦和思考一样吗?
- 你必须睡着才能做梦吗?
- 做梦好吗?
- 你能让自己做梦吗?
- 每个人都会做梦吗?
- 当你做梦时会发生什么?

朋友

- 好朋友是什么样的?
- 朋友是什么样的?
- 你总是要善待你的朋友吗?
- 如果一个朋友不愿意分享他的糖果,这是否意味着他不再是你的朋友?
- 你怎么知道某人是你的朋友?
- 你作为朋友需要做什么?
- 你能塑造一个完美的朋友吗? 他是什么样子的?

英雄

- 什么是英雄?
- 要成为英雄就必须是好人吗?
- 英雄必须是强壮的吗?
- 所有的英雄都勇敢吗?
- 英雄和超级英雄的区别是什么?
- 任何人都能成为英雄吗?

家

- 家是什么?
- 房子和家的区别是什么?
- 为什么人们住在不同类型的房子里?
- 一个地方需要什么才能成为一个家?
- 所有东西都需要一个家吗?
- 你的家有什么特别之处?

名字

- 名字重要吗?
- 你喜欢你的名字吗?
- 如果你有一个不同的名字,你会因此而变得不同吗?
- 为什么事物需要名字?
- 人或事物看起来像他们的名字吗?
- 名字必须是单词吗?
- 如果每个人都叫你不同的名字,那么你真正的名字是什么?

宠物

- 什么是宠物?
- 任何东西都能成为宠物吗?
- 人能成为宠物吗?
- 宠物一定是有生命的吗?
- 宠物和朋友的区别是什么?
- 养宠物有什么好处?
- 养宠物有什么坏处?

形状

- 什么是形状?
- 每样东西都有形状吗?
- 如何改变某种东西的形状?
- 如果你改变了某种东西的形状,它会变成另一种东西吗?(如果香蕉变成草莓的形状,它就不再是香蕉了吗?)
- 为什么形状很重要?
- 你能用你的身体做出多少种不同的形状?

说谎

- 什么是谎言?
- 谎言和故事的区别是什么?
- 说谎和不说实话的区别是什么?
- 你能不说话就撒谎吗?
- 每个人都会说谎吗?

- 从不说谎有可能吗?
- 什么时候说谎可能是一件好事?

2.6 学习挑战阶段 3: 建构理解

当孩子在学习坑里待了一段时间后,就是时候让他们爬出来了。当我们说"一段时间"时,我们故意模糊了时间。可能孩子进入了坑里,然后活动就停止了。这是可以的! 如果孩子在活动结束时提出比开始时更多的问题,这是一个好迹象。我们不应该每次都把孩子丢在学习坑里,但在某些时候这样做是可以的,只要整个活动以一种好玩的、善意的方式进行。

当你的孩子思考了他们在学习坑中遇到的一些矛盾和摇摆之后, 你可以帮助他们拼凑出更好的答案。

在接下来的几页, 你会发现很多帮助孩子理清他们的思维的方法。具体包括概念目标、意见线和菱形排序。

一般来说,与 3—7 岁的孩子交谈,只需 10—15 分钟就能把孩子送到学习坑中。然后,我们将去做另一个活动,后来再回到这个活动,看看爬出学习坑的方法。这可以发生在当天晚些时候,也可以发生在那一周的晚些时候。

在第八章的每个活动点子中,我们都给出了帮助孩子走出学习坑的建议。现在分享的是一些我们最喜欢的方法。我们称它们为"学习坑工具"。

2.6.1 概念目标

一个概念目标将鼓励孩子们去思考一个想法与其他所有想法相比有多大的价值。最好的想法被放在正中,从而达到"目标"。不是最好的好主意被放置得更远一点。然后最弱的想法被放在目标的外面。(参见图表 8)。

图表 8　关于朋友的抽象目标

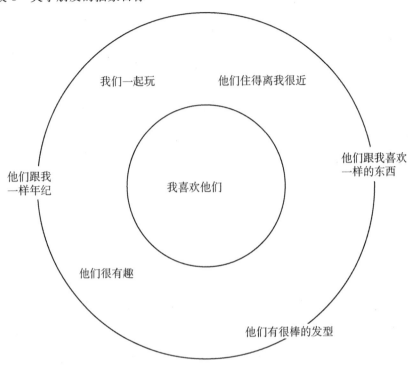

　　和所有早期的儿童活动一样，像"概念目标"这样的抽象概念可以借助正确的道具变得更加"真实"。在这种情况下，在地板上贴上一个外环和一个内环可能会有所帮助。

2.6.2　排序

　　帮助孩子整理他们在摇摆阶段提出许多想法的一个好方法是给这些想法排序。可以是线性排列、菱形排列、金字塔排列或者任何可以促使孩子思考每个答案相对价值的形状。

　　排序可以帮助孩子们挑选出他们最喜欢或最好的想法。

对于所显示的每种排序风格,我们都提供了两个选项:介绍性版本和更具挑战性的版本。我们假设你会从你认为最适合孩子的发展阶段开始。

菱形排序

菱形排序从四张牌开始,再发展到一套完整的九张牌。放在最上面的卡片被认为是最重要的一张;下面的两张卡片没有最上面的那张重要,但这两张则同等重要。如此类推。(见图表 9 和图表 10)。

> 先从一个由四个想法组成的菱形开始, 当孩子准备好了, 再发展到九个想法的菱形排序。

图表 9   介绍性菱形排序

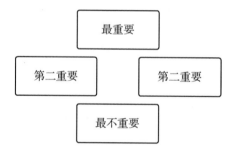

图表 10   更具挑战性的菱形排序

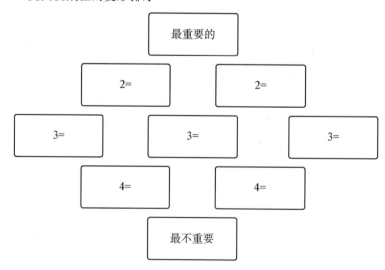

吉尔:图表 11 显示了我最近与一组三四岁的孩子创建的菱形排序。在一个活动中,我们在思考怎样才能成为一个优秀的超级英雄。在一周的时间里,我们一起读了三本书:索曼(Soman)和戴维斯(Davis)的《瓢虫女孩》(*Ladybug Girl*)、拉尔夫·科森蒂诺(Ralph Cosentino)的《神奇女侠》(*Wonder Woman*)和《雷神托尔》(*The Mighty Thor*)(漫威的原创故事)。然后我们思考了超级英雄之间有什么共同之处。孩子们想到的是勇敢、做好事、强壮、聪明、穿着奇装异服和帮助别人。

图表 11　超级英雄品质的菱形排序

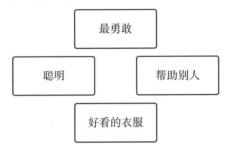

因此,我们通过投票选出了我们最喜欢的四个想法,然后根据我们认为最重要的进行排序。

在谈话过程中,我不停地问孩子们问题,让他们的想法有点摇摆。一些例子如下:

- 超级英雄必须穿好看的角色服吗?
- 当孩子们说是的时候,我就问他们:"那么,当超级英雄脱下角色服去洗澡的时候,是不是意味着他们不再是超级英雄了?"
- 当我们表现得勇敢时,我们会成为超级英雄吗?
- 如果你不帮助任何人,你能成为超级英雄吗?
- 任何人都能成为超级英雄吗?

第一次排序活动大约持续了 15 分钟,之后孩子们的注意力几乎都蒸发了!所以,我们在当天晚些时候再回顾活动,看看我们是否可以在菱形排序中添加更多的想法。我们还没有达到使用 9 张卡片的程度,但已经非常接近了,如图表 12 所示。

图表 12   一个即将完成的菱形排序

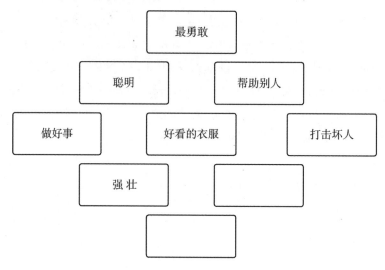

金字塔排序

金字塔排序从三张卡片开始,如果你的孩子能同时处理更多想法,那就可以发展到六张甚至十张卡片。(见图表 13 和图表 14)。

图表 13   介绍性金字塔排序

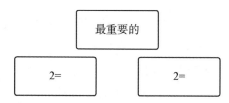

图表 14   更具挑战性的金字塔排序

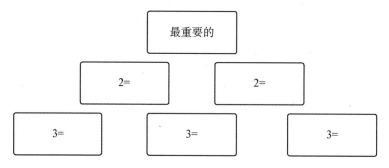

线型排序

线型排名是最灵活的排列方式,因为它可以包含任意数量的变量。也就是说,这意味着孩子不能像在菱形和金字塔排序一样中说出有两三个因素具有相同的价值。通过排列,他们必须赋予每个想法不同的价值。(参见图表 15)。

图表 15　线型排序

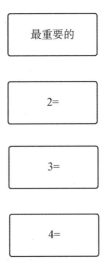

2.6.3 维恩图

维恩图是伟大的视觉思考工具,它们适用于 3 岁以上的孩子。事实上,我们最近看到的一个很好的课程就用到了维恩图。老师让 4 岁的孩子们围成一圈坐着,她在周围放了 50 件物品。然后,她给孩子们看了一张 4 岁男孩的照片,让他们每个人挑出一个他们认为属于这个男孩的物品,并把它放在地板上男孩照片旁边的一个呼啦圈里。当孩子们这么做的时候,她要求他们给出理由,例如,为什么他们认为牙刷属于那个男孩。

> 只要你从三个独立的圆环开始，再过渡到标准的两个重叠圆环，维恩图也可以用在年幼的孩子身上。

然后她给孩子们看了一张和男孩年龄差不多的女孩的照片，并让孩子们做同样的事情，要求把自己选择的东西放到那个女孩照片旁边的呼啦圈里。问题是班上有 30 个孩子，他们一开始就有 50 件物品，其中 30 件已经在男孩的呼啦圈里了。所以她让 10 个没有物品的孩子想办法解决他们的问题。当然，他们建议将一些物品从男孩的呼啦圈移到女孩的呼啦圈中。他们一直这样做，直到老师让有其他想法的孩子提出质疑。

孩子们最终决定有些东西可以属于男孩或女孩，这时老师介绍了第三个圈，并把它放在一张男孩和女孩的照片旁边（见图表 16）。活动结束时，孩子们协商（通过给出理由，倾听对方的意见，然后做出决定）哪些物品应该放在哪个圈里。当然，最后所有的物品都被放进了第三个圈里，因为孩子们意识到它们可能都是男孩或女孩的。

图表 16   包含三个圆环的维恩图

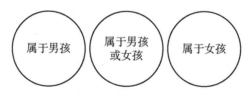

当然，通常画维恩图的方法是用重叠的圆环，但对于年龄较小的孩子，使用三个独立的圆环效果更好，至少一开始是这样。

2.6.4   意见线

意见线（Opinion Lines）在开始使用例子探索陈述句方面是非常有用的，可以用于衡量同意和不同意的程度，或识别偏好的程度。建立意见线的最佳方式如下：

1. 在地板上画一条"线"，足够所有的孩子都站在一边。如果你能用绳子或绳子做标记，将会很有帮助。

2. 在线的两端分别写上"同意"和"不同意"。如果你认为孩子正处于理解同意和不同意程度的发展阶段，请使用图表 17 所示的其他描述。

图表 17　意见线图解

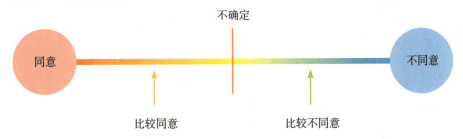

3. 用一种陈述表达孩子参加的思维活动的观点。确保陈述能引发不同的观点。所以，不要说"分享很好"之类的话，因为无论如何所有的孩子都会被教导这一点！相反，你可以这样说，"我们应该经常和别人分享"，因为这样做可能会让一些孩子认为，"分享很好，但我们并不总是必须分享"。

　　　孩子们喜欢这项活动的运动性质。通过沿着意见线移动，他们可以表明自己同意或不同意一个想法。

下面是一些其他的例子：
- 我们一直都是彼此的朋友。
- 任何人都不应该被排除在外。
- 宠物比人好。
- 每个孩子都应该养一只宠物。
- 狗比猫好。
- 我们应该对某些动物更加照顾。
- 玩具只有在你玩的时候才是玩具。

- 如果你不笑,那么你就不应该被允许玩游戏。
- 孩子们应该整天玩耍。
- 有选择总是好的。
- 规则是需要遵守的。
- 如果你看不到某样东西,那么它就不可能是真实的。
- 说谎永远都是不对的。
- 年纪越大,知道的越多。
- 成年人知道得最多。
- 每天每个人都在成长。
- 你应该经常吃蔬菜。
- 能一直开心就好了。
- 我们都应该去爱别人。
- 学习新事物总是好的。
- 冒风险是好的。

4. 向孩子解释,你将要说一些他们可能会同意或不同意的话。告诉他们会有时间先考虑一下,然后你会让他们站在表示同意、不同意或介于两者之间的那部分。

5. 一旦孩子站在了线上,可以让他们说出他们选择站在那里的理由。这可以是两人一组互相说,或者你可以让其中的一些孩子向整个小组解释他们的想法。

2.6.5 意见角

意见角对于给孩子提供四种选择是非常有用的。四种选择可以是非常同意、比较同意、比较不同意、非常不同意,或者是四个完全不同的选择。例如,在章节 2.6.2 中,我们分享了菱形排序的想法,在这个活动中,吉尔让孩子们思考超级英雄的品质。为了帮助他们决定什么是最重要的品质,他们可以去最能代表他们观点的角落投票。在这种情况下,意见角如图表 18 所示。

图表 18　关于超级英雄的意见角

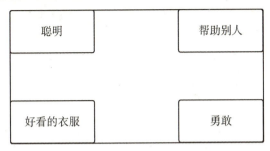

更典型的意见角如图表 19 所示，有四个选项。

图表 19　经典意见角

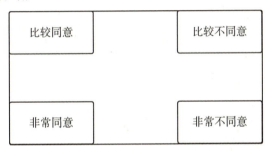

2.7　学习挑战阶段 4：考虑学习

学习挑战活动的最后一个阶段是让孩子思考他们到目前为止都做了些什么，以及以后如何将其学习运用到其他方面。

这包括提出以下问题：

1. 你今天听到的最好的主意是什么？

2. 是什么使你困惑？你怎么会这么想？

3. 当你感到困惑的时候，你做了什么？当你不确定的时候你做了什么？

4. 下次我们怎样做才能比今天想得更好呢？

当你的孩子从学习坑中爬出来后，鼓励他们反思在活动中的思考是一个好主意。

如果你能依次考虑学习挑战的每个阶段,这样孩子就能回顾整个活动。这段反思期并不一定要立即出现;当然,如果孩子的注意力已经告诉你他们需要先休息一下,那么你可以晚一点再开展反思活动。

你可以在活动结束的时候问一些这样的问题，或者你可以把这些问题留到以后，这取决于孩子注意力的集中程度。

第一阶段:概念
当你让孩子思考一个挑战学习活动的"开始"阶段时,可以问他们下面的一个或多个问题:

1. 这个故事你最喜欢的是什么?
2. 你认为我们选的最好的主意(概念)是什么?
3. 你最好的主意是什么?
4. 你听到别人问的最有趣的问题是什么? 我们想知道的最好的事情是什么?
5. 你认为答案首先是什么? 你最初的答案/想法是什么?

第二阶段:冲突
在思考挑战学习活动的认知冲突阶段,可以询问一个或多个这样的问题:

1. 什么想法让你最困惑/最能够让你思考?
2. 当你开始摇摆时,你有什么感觉?
3. 当你感到困惑/不确定的时候你还能做些什么?
4. 我们还在坑里的时候,你以为我们都考虑过了吗?
5. 当你在坑里的时候,你是怎样帮助别人的?

第三阶段:建构
在思考挑战学习活动的意义构建阶段,可以询问一个或多个这样的问题：

1. 使用卡片/物体/圆环（删除适当的）来谈论想法，如何帮助你爬出学习坑？

2. 谁在你爬出学习坑时提供了更多帮助？

3. 他们说了什么或做了什么对你有帮助？

4. 帮助别人从学习坑里爬出来的最好的主意是什么？

5. 从学习坑里爬出来是什么感觉？

第四阶段：考虑

在思考挑战学习活动的考虑阶段，可以询问一个或多个这样的问题：

1. 如果我们再做一次，你会做什么？

2. 如果我们再这样做，你会有什么不同的做法？

3. 你确信我们得到的答案是正确的吗？你对我们想出的答案满意吗？

4. 与活动开始时的想法相比，你现在的想法是什么？你现在的答案/想法与最初的不同了吗？

5. 你对这一切还有什么问题吗？你还在想/思考什么？

6. 下次我们聚在一起进行一些超级思考（super thinking）时，你会做什么？

7. 正如你所注意到的，最后一组问题不仅是关于回顾学习过程的，更是关于展望下一步的。

2.8　本章小结

本章主要讨论了以下几点：

1. 当孩子们要选择喜欢做什么活动时，大多数人都会选择比较容易的。

2. 孩子们通常会选择更容易的选项，因为他们想因为做对了事情而受到表扬。

3. 当我们教孩子骑自行车时，我们知道他们一开始会摇摇晃晃的。当他们这样做时，我们要鼓励他们继续前进，因为我们知道他们摇摆不定时正在学习。然而，当孩子们在其他活动中摇摆时，我们往往会急忙跑到他们那里去阻止摇摆。这无意中也阻止了他们的学习。

4. 我们应该说服孩子们，挑战并不意味着"困难"；挑战意味着"有趣"。

5. 早期挑战性学习就是让早教更"有趣"。

6. 学习挑战是为幼儿精心设计的具有挑战性的活动。

7. 挑战学习活动的核心是"学习坑"。这是描述离开舒适区的另一种说法。

现在试试这个

和你的同事一起尝试这个学习挑战，这样你就能更好地了解它是如何在实践中工作的。

阶段 1：选择一个概念

选择的概念：游戏。

创造一些关于游戏的问题。下面是一些例子：

- 什么是游戏？
- 游戏永远是好的吗？
- 儿童比成年人更擅长游戏吗？
- 游戏具有挑战性吗？
- 游戏是否应该具有挑战性？
- 你不会因为变老而停止游戏；你变老是因为你不再游戏。这种说法是正确的吗？
- "游戏"和"找乐子"的区别是什么？
- 游戏总是比严肃好吗？
- 儿童在早期成长中所做的一切是游戏吗？
- 儿童在家中比在学校时有更多游戏吗？为什么？

- 你怎么知道你什么时候在玩游戏?
- 你在玩游戏时完全意识不到自己在玩游戏,是这样的吗?

阶段 2:制造认知冲突

再列出 6 个问题的答案,什么是游戏? 头两个问题展示如下:

1. 游戏是玩得开心。
2. 游戏是假想的。
3. 游戏是……
4. 游戏是……
5. 游戏是……
6. 游戏是……
7. 游戏是……
8. 游戏是……

使用章节 2.5.1 所示的摇摆,两人一组,一起创造认知摇摆。例如:

如果游戏(A)是玩得开心(B),那么如果我们玩得开心(B),这是不是意味着是在玩(A)呢? 例如,如果我们看表演时玩得很开心,那么这就是游戏吗? 或者,如果对我们来说玩得开心意味着滑雪,那么我们会说滑雪是游戏吗?

如果游戏(A)是假想(B),那么如果我们在假想(B),这是否意味着它是游戏(A)? 例如,如果我们假装很快乐,但实际上很痛苦,怎么办? 这是游戏吗?

如果游戏(A)是……(B),那么如果我们……(A),这意味着我们在游戏吗?

阶段 3:建构理解

使用章节 2.6 所展示的一种学习坑工具来构建一个比你在开始时得到的答案更好的答案。例子包括:

1. 把你在阶段 2 想到的想法组织成一条直线,一个金字塔或菱形序列。

2. 或者画一个维恩图来说明游戏和工作的区别。

3. 或者使用图表 20 中的概念圈来思考属于"概念核心""不确定"和"不属于概念"类别的特征。我们已经设置了一些示例答案，需要的话请随意移动他们！

图表 20   关于游戏的概念圈

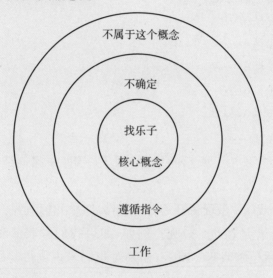

阶段 4:考虑学习之旅

以下是在挑战学习每个阶段需要思考的一些问题：

阶段 1:概念

思考挑战学习的开始阶段：

1. 对于"什么是游戏"这个问题，你的第一个答案是什么？

2. 这些早期的答案到底有多准确？

3. 你对你最初的回答有多少信心？

4. 关于游戏你问得最好的问题是什么？

5. 回想起来，还有比这更好的问题吗？

6. 你的想法是如何影响你学习过程中的第一步的？

阶段 2：冲突

思考挑战学习中的认知冲突阶段：

1. 是什么概念或问题导致了认知冲突？

2. 哪两种观点形成了最初的认知冲突？

3. 当你开始摇摆时，你有什么感觉？

4. 当你在学习坑里的时候，你创造了多少个认知冲突的例子？

5. 哪两个观点最矛盾？为什么？

6. 哪些想法很容易被摒弃，为什么？

7. 你（或者别人）问了哪些问题会使想法更摇摆？

8. 当你在学习坑里的时候，你是否觉得自己检验了所有的选项？

阶段 3：建构

思考挑战学习中的建构阶段：

1. 你是什么时候开始明白你在学习坑里所有矛盾的想法？

2. 你使用了什么工具来帮助你联系和解释你的想法？

3. 你发现的最有用的启示是什么？

4. 你如何确定你不接受简单的答案？

5. 你发现了哪些误解、猜想或假设？

6. 如果你有时间，你会做些什么来进一步完善你的答案？

阶段 4：考虑

思考挑战学习中的考虑阶段：

1. 现在你是如何更好地理解这个概念的？

2. 下次你会有什么不同的做法？

3. 在这次挑战学习中，你采用了哪些以后可以用在孩子身上的策略？

4. 你能用什么类比、比喻或例子来解释你所说的游戏？

5. 在挑战学习过程中，你会给别人什么建议？

6. 你认为哪些概念最适合与孩子们一起思考？

　　图表 21 展示了孩子们在面对学习挑战时经常想到的各种想法。
　　图表 22 是我们最喜欢的关于挑战学习的插图,因为它展示了可以帮助孩子真正理解一个概念的七个明确步骤。

图表 21　通过学习挑战来思考

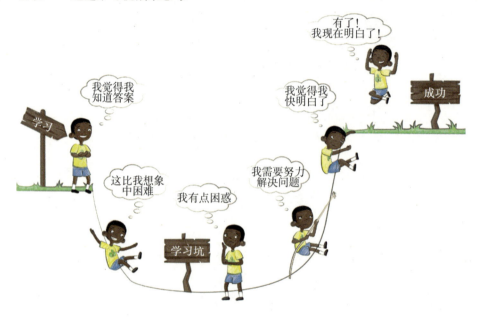

图表 22　理解的七个步骤

第三章　发展与幼儿的对话

你可以给孩子讲很棒的故事，
还能教他们运用语言创造自己的故事。

马特·格勒宁（Matt Groening），艾美奖得奖者，动画家，《辛普森一家》的创作者

3.0　运用对话发展儿童语言

通过阅读第二章，你会注意到挑战学习的活动十分依赖孩子的对话，以及你和孩子间的交流。

对话是学习如何思考、如何寻求理智、如何做出道德选择和如何理解他人观点的最好的工具之一。它具有极高的灵活性、指导性、协作性和严谨性。对话是孩子习得良好思考习惯的最佳途径之一。

> 发挥到极致的话，对话是孩子习得良好思考习惯的最佳途径之一。

同时，对话也使得我们这些成年人能够以给予孩子及时反馈、指导和挑战的方式来干预其学习过程。

罗宾·亚历山大（Robin Alexander）是一名英国教授，也是通过对话学习的主要倡导者之一，已发表了多篇具有影响力的作品。在其中一本书《走向对话教学：反思课堂对话》（*Towards Dialogic Teaching：Rethiking Classroom Talk*，2006）里面，他提出：

1. 对话相较于写作、阅读和数学，在许多学校和早期教养环境中被低估了。

2. 对话并不阻碍"真正的"学习。事实上,通过比较 PISA 以及其他国际性测验,他证明了通过对话进行更多教学,并保持位于或接近排行榜前列的可能性。

3. 对话是学习的基础,因为它使得我们可以与他人进行知识和想法的交流和互动。通过对话,成人可以给予学习者及时的反馈、指导和激励,高效地干预其学习过程。

4. 对话在教育中是特殊的交流,它使用结构化的提问去引导和促进儿童的概念理解。

> 罗宾·亚历山大的研究显示对话并没有被很好地运用在儿童身上。

> 对话可以让你了解你的孩子的信念、问题和误解。

对话的其余好处包括提出恰当问题、清楚表述问题、想象生活的可能性、了解事情发展方向、评估各种选择和替代方案、提供相互协作和合作性思考的机会。对这些能力方面的广泛提升并不是万能的,但你能想到比这些更重要的教育成就吗?

在最基本的层面上,对话是人们为了被理解而进行的来回交谈。父母对孩子的第一个声音做出回应,两者进入到沟通关系的时候,对话的基础就被建立了。尽管对话与沟通很相似,但是两者仍有很大的差别。沟通可以没有走向(或者向各个可能的方向发展),对话则需要被恰当地定义和执行,指向某个地方(如回答一个重要的问题或共同做出决定)。

> 对话区别于"沟通"。沟通可指向任何地方,而对话一直向双方认可的某个方向推进。

对话不是用于成人和儿童之间众多互动的提问发起—回应—评量模式(Initiate-Response-Evaluate model,IRE)。尽管教育中也注重提问的风格,但它只是检查儿童对事实回忆的一种方式。发起的步骤往往始于成人的问题,如"三原色是什么"。儿童的反应紧随其后,如"红、蓝、黄。"然后成人评价儿童的反应,进行确认或纠正,如"好棒,对了"。当然,这种做法没有任何错误的地方,但它不利于在儿童回答第一个问题后再对其进行挑战,而对话则试图鼓励儿童继续思考和使用语言。

思考对话的最佳方式是沟通和探究。对话结合了沟通的社交性和形成问题、构建答案的技巧。

对话是沟通和探究的结合。

对话涉及合作理解尚未理解的事物,并形成理性的观点和更深入的问题。发起—回应—评量结构与对话和谐共处,却不同于对话。对话可以引导参与者进一步探讨,帮助你的孩子成为有能力的思考者,愿意且能够学习、推理并清晰、自信地表达自我。发挥到极致,对话也将培养鼓励、参与、理解和探究。

格雷汉姆·纳索尔(Graham Nuthall)教授将麦克风放置在儿童身上记录下他们说的所有话,并花费了数年时间记录和评估这些对话。他之所以采用这个研究方法,是因为他早前的研究发现,成人会忽视多达40%发生在儿童身上的对话。

纳索尔教授的研究显示,成人未能意识到儿童之间的许多互动。对话可帮助打开这个新世界的大门。

纳索尔教授在《学习者的隐秘生活》(*The Hidden Lives of Learners*,2007)中分享了他的发现。他在其中声明:

1. 儿童生活在他们自己个人的和社交的世界。
2. 40%的成人计划让儿童们学习的内容,其实他们早已掌握。
3. 每个孩子学到的东西有三分之一是房间里的其他孩子学不到的。
4. 儿童了解成人将在何时以及如何关注他们,也清楚如何积极地参与。
5. 儿童学到四分之一的具体概念和原则很大程度依赖于他们之间的

私下交谈。

这五点是提升教育中对话数量和质量的关键。

我们作为成人应借助对话去理解儿童的个人和社交世界。它应该让我们了解我们的孩子早已掌握的知识,这样我们就能更有针对性地计划行动;它可以为儿童分享自身的、通常是独特的观点提供更好的机会;它应该减轻儿童对假装积极参与的焦虑,并真正帮助其融入;而且,对话应进一步帮助儿童处理和理解概念和观点——只是这一次它能使谈话小组内的任意成员受益,而不仅仅是儿童最亲密的朋友。

> 对话可以使成人理解孩子的生活。

通常情况下,当我们与我们的孩子能很好地运用对话时,我们会比平时了解到更多关于他们的信息。在对话中,孩子会显露他们的喜好和厌恶、疑问和假设、担忧和愿望。

对话是一个极度灵活的、激发思维的工具。当儿童长大时,他们需要理解的问题、需要做出的判断以及需要维持的关系就变得更加复杂。对话的轮流结构引导儿童学习语言的基本原理,这也是思考复杂问题的一种途径。因此,对话的意图和结果都是全面的。

3.1　不同类型的谈话

尼尔·默瑟(Neil Mercer)描述了早期家庭和学校环境中的三种类型的典型谈话:累积型谈话(Cumulative talk)、争论型谈话(Disputational talk)和探究型谈话(Exploratory talk)。其中,默瑟指出探究型谈话给学习带来的益处最大。他将探究型谈话解读为:

同伴可以批判性与建设性地探讨彼此的想法,提供相关的信息来共同讨论。大家可以提出质疑和反对质疑的观点,同时需要给出理由和备选方案。大家寻求一致,以此为基础促进共同取得进展,将知识公开化,并在谈话中体现出推理（默瑟，2000，p. 98）。

> 尼尔·默瑟通过观察儿童发现了三种主要的谈话类型：
> 累积型、争论型和探究型。其中，默瑟提出探究型谈话最有
> 可能支持儿童的学习。

默瑟提到的关于强大学习能力的关键短语是：共同考量（joint consideration）、反质疑（counter-challenge）、推理（reasoning）、替代方案（alternative offered）、一致（agreement）和共同进展（joint progress）。这些都在根本上与通过对话学习，以及儿童不仅会被挑战，还期望受到挑战的氛围相关。

但鲁伯特（Rupert Wegerif，2002）通过研究教室中的谈话类型后发现，当孩子们进行小组活动时，只出现了很少的探究型谈话。相反地，较不关注学习的谈话类型占主导地位，而孩子们也更自然地倾向进行累积型谈话和争论型谈话。

> 但是，鲁伯特发现，除非儿童被教导如何进行探究型谈
> 话，否则探究型谈话就很少出现在儿童之间。

在我们探讨如何最好地与孩子发展和使用探究型谈话前，让我们先审查另外两种类型的谈话。

3.2　累积型谈话

累积型谈话通常出现在朋友一起进行小组活动或不熟悉的小组成员互相了解时。谈话是积极的、正向的，让所有人都感觉到包容和被接受。参与者很少批判彼此或质疑提出的想法。不是每个人都会参与谈话，而他们也不需要都参与。小组成员接受第一个被提出的想法，而非尝试提出更

好的。这导向常识的积累和一种"团队的和谐感"。

累积型谈话的特点是重复（repetitions）、确认（confirmation）和阐释（elaborations）。

> 累积型谈话是积极的、正向的，不是批判性的，且很容易进行。

这是一组 4 岁儿童在沙坑玩耍的例子：

儿童 1：我们一起在这里建个城堡。

儿童 2：好呀，我来挖。

儿童 3：那我来挖这边。

而他们：好，你做那个我做这个。

儿童 4：（点头）。

儿童 1：我喜欢这个城堡。

所有儿童：我也是。

像这个对话中的累积型谈话看起来或许还不错。孩子们建立起积极的氛围，一起愉快地玩耍。不足之处是没有任何挑战性可言。孩子们根本没有犹豫不决。第一个孩子提出建议，其他人就都跟从了，没有考虑他们还能做什么。没有人提议建造城堡的其他地点，甚至是附加设施，如在隔壁再建一个房子。这个小组在没有争吵和忙乱的情况下建造了城堡，同时也没有什么挑战或对话。

现在试试这个

仔细聆听你周围儿童累积型谈话的例子。与你的同事分享案例，并一起思考以下几个问题：

1. 累积型谈话在我们的孩子中多久发生一次？
2. 这种类型的谈话有什么积极的元素？
3. 它有什么不足？

4. 是否有特定的儿童大部分时间都在参与累积型谈话?
5. 我们能做什么来鼓励这些儿童尝试更多地挑战彼此?

3.3　争论型谈话

争论型谈话比累积型谈话更消极。它批判个体(及其观点),关注差异,具有竞争性且全都是为了让别人觉得你"赢"了。当儿童参与争论型谈话时,他们就相处得不是特别好。个体如果在小组中占主导地位,犯错误就会受到批评或甚至被嘲笑。

> 争论型谈话是竞争性的,且通常是为了批判而批判。

争论型谈话的特点是简短交流(short interactions),很少尝试彼此聆听,且观点及其反对观点往往在谈话中占主导地位。

这里有一组 4—5 岁儿童正在用乐高建造模型的例子:

儿童 1:你在干什么?

儿童 2:这是一个塔。

儿童 1:这太傻了。

儿童 2:所以呢? 这至少比你的好。

儿童 3:你做错了。它会倒的。

儿童 2:那又怎样? 我会再做一次。

(乐高塔倒下了)

儿童 3:告诉过你了。

儿童 2:我要再造一座,你不能帮忙。

儿童 4:我能帮忙吗?

儿童 2:不能。

儿童 2:我在做这个,它会变成最好的一个。

尽管这看起来像儿童围绕乐高在争吵,但他们并没有。事实上,他们与彼此一起参与活动,但他们是使用了一种消极的方式来进行。尽管第一位儿童真心地想要提出建议,但他说的话像是在批评第二个儿童。

现在试试这个

仔细聆听你周围儿童争论型谈话的例子。与你的同事分享案例,并一起思考以下几个问题:

1. 争论型谈话在我们的孩子中多久发生一次?
2. 这种类型的谈话是否存在积极的方面?
3. 是否有特定的儿童大部分时间都在参与争论型谈话?
4. 我们能做什么来鼓励这些儿童尝试以更积极的、支持性的方式来挑战彼此?
5. 性格冲突是否会影响争论型谈话的发生?

3.4 探究型谈话

探究型谈话的特点是更长时间的交流、问题的使用、反思、解释和推测。它能充分发挥批判性思考,同时具有很高的创造性。这是它对学习和语言发展有积极推动作用的原因。

> 探究型谈话充满了反思、好奇、鼓励和挑战。

要让这个方法发挥到极致,孩子应在开放的思维模式下探究想法。他们应该期望被你或其他儿童挑战。他们的任何提问或建议都应该在尊重、思虑周全的方式下提出。他们应该在"错误"回答时不感到难堪,因为重要的是探究和调查。

与孩子进行这种类型的谈话,结果往往是令人印象深刻的。

鲁伯特(Rupert Wegerif)和斯克林肖(Scrimshaw)(1997)研究了教导小学生如何参与探究型谈话的影响。他们发现使用探究型谈话 5 周后,学生询问彼此问题的次数从 17 次上升到 86 次,给出理由的次数提升一倍以上,而推测(如果……会怎样?)的次数也从 2 次增长到 35 次。总的来说,儿童使用字词的数量几乎翻了一倍。

他们总结道,探究型谈话的清晰教学提升了儿童使用语言的质量和多样性,也改善了儿童参与小组活动的积极性。这显示出社交互动(一起思考)和认知发展的强烈联系。

这里有一个吉尔最近遇到的一组 4 岁儿童使用探究型谈话的例子:

吉尔:你们最喜欢的玩具是什么?

儿童 1:我最爱的玩具是我的恐龙。

儿童 2:我的泰迪熊是我的最爱。我每天晚上都跟他睡觉,也会抱抱他和亲亲他。

儿童 3:我喜欢我所有的玩具。他们都是我的最爱。

儿童 4:我的滑板车是最棒的,因为它是蓝色的,而且能滑得非常快。

吉尔:你最喜欢的玩具是不是你最好的玩具?

儿童 4:是的,它是最好的,因为它能滑非常非常快。

(儿童 1、3、4 点头表示同意)

吉尔:那泰迪熊呢? 他也很快吗?

儿童 4:不,泰迪熊什么都不会。

儿童 2:泰迪熊会做,他会做很多事。

儿童 1:比如说?

儿童 2:他可以玩游戏,也可以说话。还有他睡在我的床上。

儿童 3:他真的能说话吗?

儿童 2:是呀,你按一下按钮,它能讲话的。

儿童 3:所以,他是你最喜欢的?

儿童 2:是的。他是最好的。

吉尔：这就是那个词，"最好的"。它跟"最喜欢的"意思一样吗？你最喜欢的玩具是不是一直是你最好的玩具？

儿童5：不知道。我最喜欢的玩具是我的足球，但它不是特别好。

这些是探究型谈话最常见的特点。

如果你将这个对话与累积型谈话、争论型谈话作比较，你应该能注意到以下的差别：

1. 探究型谈话会提供理由。
2. 有更长的解释。
3. 儿童问彼此问题。
4. 儿童为彼此建议可能的答案。
5. 儿童在聆听彼此。
6. 他们都在表达自己的观点。
7. 这是协作性的而非竞争性的。
8. 尽管他们没有做出决定，但是他们已趋向于达成共识。

现在试试这个

仔细聆听你周围儿童探究型谈话的例子。与你的同事分享案例，并一起思考以下几个问题：

1. 探究型谈话在我们的孩子中多久发生一次？
2. 是否有特定的儿童比其他人能更好地参与探究型谈话？
3. 我们能做什么来支持儿童更频繁地参与探究型谈话？
4. 什么叫作探究型谈话，怎样让我们的孩子知道我们想让他们进行哪种类型的谈话？
5. 你和你的同事在谈论不同类型的谈话时，都用了哪些类型的谈话？

3.5 鼓励探究型谈话

探究型谈话发生在儿童与他人能够安心、舒适地探究想法的环境中。他们需要相信彼此,知道质疑和挑战会帮助他们思考而不是在批评和嘲笑他们。

同意一系列支持性和鼓励性的基本规则有利于为探究型谈话做准备。

有一套基本规则有利于设定正确的基调,如果你愿意,你可以选择使用以下列出的几条:

- 我们分享我们的想法,并聆听他人的想法。
- 我们每个人依次说话。
- 我们尊重其他人的观点。
- 我们说出我们为什么会这样想。
- 我们会问其他人"为什么?"。
- 如果可以,我们要尝试在最后达成一致。

这些基本规则不是不可变更的!你不一定要使用全部规则。实际上,你可以与孩子一起创造一些规则,使他们能更好地理解和成为规则的所有者会更好。

无论你选择何种方式——展示前面的规则列表或和孩子创造一个新的列表——都需要确保你谈论的行为与每一条基本规则有联系。与孩子们及其家长分享列表。在教室或早期教养环境中将它们放在显眼的位置。当然,儿童或许还不能阅读,但展示它们有利于提醒你和你的同事它们是什么!

如果你示范出如尊重、感兴趣和好奇的态度,探究型谈话就更有可能"茁壮生长"。

示范以下的态度和信念与和孩子共同设立基本规则一样重要：

- 我对你的想法很感兴趣并选择尊重。
- 我会通过聆听和提问你来展现我的兴趣。
- 我相信你是那种可以提出有趣的问题、想法、理由和例子的人。
- 我会尽可能多地思考你的问题、兴趣点和看法。
- 我在创造一种可以一起提问，并朝着最佳答案和理解前进的思考环境。
- 我们都应该对承担认知风险感到足够安全。

如果你回看我们之前推荐的网上视频，你会看到詹姆斯在尝试展示这些思想倾向。事实上，如果你再看一遍，你应该也能注意到詹姆斯没有给儿童任何表扬。这不是因为他表现出不必要的严厉，而是因为他认为通过展示他对孩子们想法的兴趣，对他们提问能力的信心，以及创造出能够安全探究所有想法的环境就足够了，已不再需要表扬了，在足够支持的氛围中不需要表扬。

对于如何帮助孩子发展探究型谈话的另一个解释，我们鼓励你阅读章节 6.2，案例 3。

3.6　重复、回想、改述和拓展

这里有许多方式可以鼓励儿童去更多地思考和交流。

> 重复、回想、改述、拓展等技巧有利于帮助儿童参与探究型谈话。

重复（Repeating）：当一个孩子说了什么的时候，邀请其他孩子重复他/她的话。如果一个三岁儿童说："我最喜欢的颜色是红色。"我们就可以请小组内的其他儿童去重复：

"安娜贝尔说'我最喜欢的颜色是红色。'"

回想(Reflecting)：当一个孩子说了什么的时候，邀请其他孩子回想他/她的话。这意味着聆听者需要说出第一个孩子说的话，但是以代表他/她的方式说出来。例如：

"安娜贝尔最喜欢的颜色是红色。"

改述(Rephrasing)：当一个孩子说了什么的时候，邀请其他孩子改述他/她的话。他们应该保持原意但使用不同的字词。例如：

"红色是安娜贝尔最喜欢的颜色。"

拓展(Extending)：拓展是你邀请一个孩子去回想并拓展另一个孩子说过的话。例如：

"安娜贝尔说她最喜欢的颜色是红色。所以我认为她对图片里的其他颜色的喜欢没有像红色那么多。"

鼓励孩子拓展其他孩子说过的话比其他方式要求更多技能。这是它如此重要的众多原因之一。其他原因包括它倾向于让孩子走出舒适圈的事实；它鼓励孩子拓展他们的语言；帮助他们通过补充别人说过的话来展现尊重；也给予儿童机会以测试他们对别人说过的话的理解。

当孩子开始使用拓展策略时，与最开始的孩子确认他们所拓展的内容是否正确是一个好主意。这里有詹姆斯在幼儿园中观察到的一个案例，孩子们的年龄都是 5 岁。

汤姆斯：我有三只豚鼠、一只狗和一只猫。

玛丽安：你有好多宠物。

本：汤姆斯一定很喜欢动物。

海伦：我好奇他是不是喜欢所有动物。

教师：那是一个很好的问题，海伦。在我们进一步探讨前，我们可不可以问一下汤姆斯，本说"他一定很喜欢动物"是不是对的？

汤姆斯：是的，我喜欢。

海伦：但你喜欢所有动物吗？

汤姆斯：嗯。

教师：大家能想出来汤姆斯可能不喜欢的动物吗？

莎拉：我不觉得他喜欢老鼠，或者蛇。

露西:或者蜥蜴。

教师:所以,汤姆斯,许多人在尝试猜你会怎么想。你能告诉我哪些想法是对的吗?

汤姆斯:我有一只宠物鼠。

海伦:啊,那他喜欢老鼠!

汤姆斯:但我不喜欢蛇。

伊丽莎白:或许是因为蛇会吃老鼠。

教师:伊丽莎白,那真是一个很机智的联系。汤姆斯,伊丽莎白说得对吗?

汤姆斯:我不知道。我猜是吧。

现在试试这个

现在看来这里有 6 个孩子拓展汤姆斯说过的话的例子,以及 2 个回想的例子。你同意吗? 你可以全部指出来吗?

我们将编码放在了附录中。

3.7 本章小结

本章包含了以下几个主要内容:

1. 对话是教导儿童如何思考的最佳工具之一。

2. 对话结合了沟通的社交性以及提出问题、建构答案的技能。

3. 对话帮助成人理解儿童的个人和社交生活,并给予其关于儿童如何思考方面的更好的见解。

4. 尼尔·默瑟(2000)发现教育情境中的三种谈话类型:累积型、争论型和探究型。

5. 累积型谈话很友好，但太容易进行；争论型谈话太消极；探索型谈话则由于具有挑战性，用来激发并拓展儿童的思考和语言而显得刚刚好。

6. 制定谈话的基本规则有助于为学习设立正确的基调。

7. 我们可以通过鼓励儿童去重复、回想、改述和拓展别人说过的话来拓展其思考和语言。

第四章 培养孩子的思考能力

4.0 学习如何思考

本章重点关注教导儿童如何思考。不是关于思考什么,而是关于怎样思考。在进一步深入之前,我们先看一个小故事。

> 教导儿童如何思考应该成为教育的一个关键部分。

许多年前,我们(作者)在保加利亚参加了一个国际性会议,关注点为儿童哲学。除了 200 名来自全球各地的代表,组织者还邀请了一些当地的青少年来参加会议。在为期 4 天的会议中,詹姆斯被邀请与这些青少年进行一个社区调查,其他与会者则进行观察。

他用一个关于两个猎人,汉克和弗兰克,被一只会说话的熊追逐的虚构故事来展开会话。然后,这群青少年提出了许多哲学性的问题;其中,他们最喜欢的是:"为什么要为别人牺牲自己?"经过一段短暂的、安静的反思,詹姆斯邀请了一名热切的年轻人给出他的第一个想法。这是他说的话:

"对我而言'牺牲'是这个问题里最重要的概念。我觉得有些人会基于本能、冲动或直觉牺牲自己。当然,其中两个是认知主导的,而另一个是情感主导的,因此我认为在我们能有效回答这个问题前,我们要先决定在任何给定的情况下,哪种主导更容易发生。"

所有参会者都对男孩在思考和分析牺牲概念方面的洋溢自信赞同地点头。另一边,詹姆斯就像被汽车撞飞的兔子——他显然没预料到这种回应!

为了争取一点时间来思考,詹姆斯让青少年去讨论"本能""冲动"和

"直觉"这几个词语的共同点。当他们在探讨时,詹姆斯就向一位友好的哲学家咨询下一步应该怎么做。

汇总观点时,詹姆斯让一名女生给出他们小组的答案。我猜她会永远地成为詹姆斯的"最爱",因为她回答道:"本能、冲动和直觉的共同点是……它们都是香水的名字。"(终于,一个"正常"的青少年。)

当长达一小时的讨论结束时,詹姆斯立即冲到组织者面前,抱怨他们策划了这一切:"你们应该提前告诉我,你们邀请参会的是保加利亚最有才能的哲学家!"组织者笑着解释,他们只是简单地邀请了当地的志愿者来参会——没有任何选拔程序。

"那为什么他们那么擅长思考呢?"詹姆斯提问。"因为他们在年幼时就被教导如何思考",他们回答道。"但在英国我们还没遇到像你们的学生这么擅长思考的孩子。"詹姆斯反驳。他们的回答一开始令我们懊恼,但又使我们两个人着迷,并在根本上增强了我们的信心:"我们在西方国家看到的是你们似乎不教孩子如何思考,而是教他们思考什么。"

我们在早期教育环境和学校中工作越久,就越觉得这些保加利亚教师说的话可能是对的。

例如,如果问小学高年级学生(9—11 岁)他们是否觉得偷窃是错的,他们会回答是的。但如果问他们为什么偷窃的侠盗罗宾汉被视为好人,他们会反驳:"因为他劫富济贫。"或许这里仍没有太多争议,但如果你要求他们去决定是否允许偷盗,比如偷窃银行给穷人发钱,他们几乎都说可以。基本上很少有儿童能发现无论是从任何人身上进行偷窃,款项的用途是什么,这都是违反法律的事实。

这意味着保加利亚教师可能是对的——太多学生被教导思考什么,而非如何思考。

> 教导儿童如何思考包括改善他们处理信息、提出问题、给予理由和寻找相反案例等的方式。

然而教导儿童如何思考感觉像一种抽象概念。也许描述它最简单的方式是想到我们在遇到困难选择时都会使用的一种策略:列举好处和坏处。在我们脑海里构建这个结构对我们所有人来说都是很常见的。但这不是我们与生俱来的结构——我们被教导使用它，而且它已经变成了我们的"思考工具"之一。对话允许我们示范思考结构，例如，通过提出问题、给予相反案例、询问理由、解释答案和为最后一个听到的想法作补充。这些都是新的思想结构，而你可以对儿童进行明确的示范和教导。

在另一个例子中，我们经常注意到教师和父母以说出"正确"的事情来表扬孩子："杀戮是错的""我们一定要保持友好""你永远都不应该撒谎"，等等。在一方面，它可能看起来是合理的。不管怎样，我们希望孩子变得更具道德感，做出正确的事情。但如果他们面临一个两难处境却从始至终只会遵从指令呢？这种困境可能是在吃肉的同时认为杀戮是错的，可能是坚持说出真相即使它很可能伤害某人，甚至可能是对种族歧视者或欺凌者一直保持友善。这样下去会怎么样呢？

许多人会说相信孩子会去做正确的事情，但除非是成年人学会如何为自己做出道德的决定，否则孩子们怎么知道什么是"正确"的呢？换句话说，他们如何能变得具有道德，如果他们还未能学会思考或发展出至少一些智能？

要回答这个问题，重要的一点是分辨出在我们脑海里的两种思维类型，主要包括：常规和反思。

常规思考包括我们几乎在潜意识里完成的思考，例如，骑自行车、行走或回想我们的电话号码。

反思性思考包括考虑我们行为的后果，以及确认影响我们决定思考或行动相关因素的相对重要性。

教导儿童如何思考，重点在于提高他们的反思性思考。

如果一个孩子学会流畅地说和写，但十分轻率、不考虑他人感受，他/她很可能会使别人不开心。如果他记住许多常识，但不知道怎么明智地运用，那他的知识应用范围就很有限。因此，思想发展包括在合适的时间练习正确的思考类型的能力和意愿。那正是教会孩子如何思考可提高的东西！

我们应该教导儿童的思考技能的种类详见图表 23。要注意这不是详尽的列举,且这些应该根据孩子的发展水平来选择应用。

图表 23　年幼儿童的重要思考技能

预计	详细描述	排名
应用	估计	象征
原因	评估	回应
选择	解释	说出为什么
归类	给予示例	挑选
比较	提出理由	排序
联结	分组	展示怎么做
对比	识别	解决
决定	组织	分类
描述	预测	概括
讨论	提问	假如……会怎样

践行这些价值与教导儿童如何思考同时进行是最好的。

现在试试这个

使用图表 23 思考技能列表的良好开端,是先选择三个你认为孩子已经准备好、并能从中受益最多的技能。然后与你的同事商议几种计划来帮助孩子练习这些技能。这一过程不应该在孤立隔离中发生,你要通过下面这些自然的方式促进与孩子的积极互动:

- 聚精会神地聆听;
- 敏锐察觉不同儿童的需要;
- 示范良好的思考;

- 使用提问技巧去促发好奇心(参考第五章的内容);
- 鼓励儿童提出问题;
- 支持儿童协同思考;
- 给予儿童时间去交谈;
- 给予儿童空间去思考(参考章节 5.2)。

你可以通过这几种方法为儿童提供想象和创造性游戏的机会:

- 示范开放性思想;
- 更多注重思考的过程而非获得"正确"答案;
- 强调思考任务的开放性;
- 提供备选;
- 创造不确定性;
- 欢迎即便是你不明白其中关联性的想法。

你可以通过这些方式引起儿童的反思和元认知:

- 鼓励儿童思考自己正在做什么;
- 让儿童思考做事情的其他方式;
- 欢迎解说评论;
- 促进对话和提问;
- 在先前想法的基础上增添。

这里有一些或许能帮助孩子发展的思考技能。

在下一部分,我们分享了一些你或许想要和孩子一起尝试的思考活动。不管你使用哪一个,思考一下你可以在活动中提升孩子的哪些思考技能。

在游戏中,请注意:

1. 我们强调了其中主要包含的思考技能,但其余技能也能较轻易地在活动中发展。

2. 尽管没有对和错的答案,但是在每个问题上还是可能会有更好的回答。为了帮助识别高质量的回应,需要鼓励孩子给出理由,并且比较他们给出的答案的优缺点。

这个章节的剩余部分展示了一些你可以与儿童一起玩要,以便帮助他们发展思考技能的游戏。

4.1 运输者

主要的思考技能:

- 预测结果;
- 寻找替代方案及可能性;
- 灵活思考;
- 问"如果······会怎样?"

活动

将一个物品,如泰迪熊或玩偶屋放在椅子上,要求孩子尝试在不碰到物品或椅子的情况下将它移动到地面上。这个物品需要安全无损地到达地面。如果你希望让任务简单一点,就可以提供一些可以帮助到他们的物品,比如一条跳绳、一些大卡片或者一些鼓槌。或者你也可以让儿童参与寻宝游戏,从而找到合适的物件。

4.2 剔除一个

主要的思考技能:

- 寻找相关信息;
- 比较与对比;

- 建立联系；
- 给予理由。

活动

向孩子展示三个物品，询问他们哪一个需要被剔除，以及为什么。注意你应该期待一系列的答案，而不仅是最明显的那个。图表 24、图表 25、图表 26 和图表 27 给了你一些例子，但你可以使用任意三个物体、声音、图像等。

图表 24　在猫、狗、长颈鹿中剔除一个动物

图表 25　在数字中剔除一个

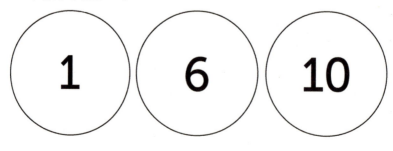

图表 26　剔除一只袜子

图表 27　剔除一个乐器

4 岁儿童的示例答案：

剔除长颈鹿,因为其余两个都有爪子。

剔除狗,因为它是唯一会吠的。

剔除猫,因为猫会让我打喷嚏(而其他两个不会)。

5 岁儿童的示例答案：

剔除 1,因为其余两个都有圆的部分。

剔除 6,因为这是我快达到的年龄(而其他两个不是)。

剔除 10,因为它是唯一的两位数。

3 岁儿童的示例答案：

剔除大袜子，因为它是黑的（而其他两个都不是）。

剔除紧身裤袜，因为它是给两条腿穿的（而其他两个不是）。

剔除小袜子，因为它有一点粉色（而其他两个没有）。

4—5 岁儿童的示例答案：

剔除直笛，因为它是唯一吹奏的。

剔除鼓，因为它是唯一用棍子敲打的。

剔除铃鼓，因为你会摇动它（而你不会摇其他两个）。

4.3   那正是我所想的

主要的思考技能：

- 建立联系；
- 给予理由；
- 寻找替代方案及可能性；
- 灵活思考。

活动

儿童 A 说出他/她在想什么，儿童 B 也说出他/她在想什么。然后，儿童 A 应该做出足够的联系来说明他们实际上都在想同一件事。

示例：儿童 A 说"猫"，儿童 B 说"香蕉"。然后儿童 A 说"那正是我所想的，因为我的猫正在玩一只香蕉，并尝试剥开它。"

4.4   三个为什么

主要的思考技能：

- 给予理由；
- 灵活思考；
- 使用精确的语言；
- 识别进步。

活动

至少提出 3 个连续的，以"为什么"为开头的问题。你可以回想先前提到的詹姆斯在伦顿莫珀斯市与一些 3—4 岁儿童在一起的视频的例子。在这个例子中，"为什么"的问题如下：

詹姆斯：如果我把这顶建筑师的帽子放在你的头顶，你就变成了建筑师鲍勃；那如果我把这个属于丹尼尔的姓名牌放在你旁边，你是不是就会变成丹尼尔了呢？

艾娃：不是。

詹姆斯：为什么不是？（第一个为什么）

艾娃：因为这很傻。

詹姆斯：为什么这很傻？（第二个为什么）

艾娃：因为这感觉很滑稽。

詹姆斯：为什么感觉很滑稽？（第三个为什么）

艾娃：因为我的名字是艾娃。我不想被叫做丹尼尔，因为那不是我的真名。

以"为什么"开头的三个问题，目的是让孩子梳理出比平常听到的更多的思考和推理。

4.5 一个合理的度假计划

主要的思考技能：
- 建立联系；
- 演绎和推断；

- 寻求更深入的细节；
- 发展准则。

活动

向孩子展示满满一箱的物件。创造一个想象中的角色,并告诉孩子这手提箱已属于他/她。邀请孩子轮流选择手提箱中的一个物件,并说出它是否适合带去度假。

示例物品包括书、牙刷、镜子、玩具、骰子、钢笔、短裤、帽子、墨镜、香蕉、纸、塑料花、鼓槌、夹心糖果、手机、钱币、塑料农场动物、塑料袋、泳镜等。

当孩子参与这个活动时,他们应该很快意识到自己没有足够的信息。因此,进展顺利时,他们会开始问以下问题:

这个角色要去哪里度假?

那个地方是暖和/冷/潮湿/干燥……吗?

这个人是成人还是小孩?

这个人会去多久?

当孩子开始询问这种类型的问题时,先花点时间赞美这些问题,而不是直接就进行回答。例如,你可以说:"多么好的问题啊,其他人还有想到其他问题想问的吗? 是不是有什么问题是我们已经知道答案的呢?"

4.6   如果……，会怎样?

主要的思考技能:
- 识别问题；
- 灵活地思考；
- 寻求替代方案和可能性；
- 寻找价值。

年幼的儿童喜欢这个游戏,因为它给予他们释放想象力的机会。你可以问他们任意数量的"如果……会怎样"的问题,然后观察他们如何反应。
例如:

如果……会怎样?

- 马和豚鼠一样小;
- 老鼠会飞;
- 黄瓜是粉红色的;
- 动物会阅读;
- 不允许做梦;
- 蛇会走路;
- 玩具会说话;
- 狗可以被教会开车;
- 可以爬上彩虹;
- 食物自己会变熟;
- 钱长在树上;
- 所有房子都由姜饼组成;
- 牙齿自行清洁;
- 雪是暖的;
- 蔬菜吃起来像巧克力;
- 每个人都一直保持开心;
- 时间倒流;
- 人类可以在水面行走;
- 没有人说谎;
- 儿童制定所有规则;
- 每个人看起来一样;
- 人们永远不变老。

如果……,你会怎么做?

一个先前游戏的变种是问孩子如果特定的事情发生了,他们会怎么做。像所有最好的早期儿童游戏一样,你可以鼓励其他孩子插入想法,或询问补充问题。例如:

如果……,你会怎么做?

- 你没有玩具可玩；
- 你一整天都不被允许说话；
- 我们都需要游泳到幼儿园；
- 你可以飞；
- 你有一个不同的名字；
- 你在白天睡觉、晚上醒来；
- 你曾是一个国王或皇后；
- 你不能用你的腿；
- 你可以随时骑一只独角兽；
- 你必须要吃泥巴作早餐。

4.7　故事板

主要的思考技能：
- 灵活地思考；
- 生成想法；
- 给出替代性建议；
- 识别进展。

活动

将孩子们分成约 5 人一个小组，并为每个小组中添加一个成人成员。提问孩子一系列的故事相关的提示问题，以帮助其共同创作一个故事。每个提示给出之后，给予儿童时间说出想法，并让每组的成人在一张很大的纸上画出回应。白板纸最适合用于此处。

当你提出第一个问题（"谁或什么是主角？"）时，给予每个小组机会去确认他们的答案，并给予成人时间去画出孩子们告诉他/她的想法。因此，如果一组儿童决定以"女孩"为主角，这组的成人就应该在白板纸上画出一个卡通女孩。在你询问接下来的提示时，一个卡通故事板会在儿童的眼里逐步发展。他们可以使用故事板向房间里的其他儿童复述他们的故事。

故事板提示：

1. 谁或什么是主角？（例如，一个男孩、一个女孩、一只马或一个水果？）

2. 对主角进行描述：她穿了什么以及正在干什么？

3. 主角正在一段旅程上：他要去哪？

4. 谁或什么在陪伴主角？

5. 旅途上，坏事发生了：是什么事？

6. 谁或什么会来帮忙？

7. 这个来帮忙的人具有魔法。他的目的是什么？

8. 有些事阻止了他使用他的魔法：是什么？

9. 主角做了一些事来帮助他：她做了什么？

10. 一个非常古怪的事情发生了：是什么事？

11. 主角快要到达目的地了，但有什么阻碍了她？

12. 你的主角是如何到达旅途的终点的，而且她是怎么庆祝的呢？

4.8　幸运的是……不幸的是……

主要的思考技能：

- 生成想法；
- 给予建议；
- 建立联系；
- 寻找更深入的细节。

活动

这个讲故事的活动在幸运和不幸中交替。与孩子围成一圈坐下。通过设立一个场景开始一个故事。然后邀请你左边的孩子继续讲这个故事。他们应该以"不幸的是……"开头。如果你是跟儿童在一起，他们可以以

"但是"开头,这个游戏仍然成立。当第一个孩子给出了他/她的想法后,他/她左边的孩子则继续这个故事。这次,他/她应该以"幸运的是……"开头。

故事继续,一直在"幸运的是""不幸的是"之间交替。这是最近一组5—6岁儿童的一个示例:

你:很久以前,有一只马名叫苏。

儿童1:但(不幸的是)……他不喜欢自己被叫苏。

儿童2:但(幸运的是)……他被允许将自己的名字改为哈利。

儿童3:但(不幸的是)……哈利不是一只快乐的马。他不喜欢被别人骑。

儿童4:但(幸运的是)……非常小、非常轻的缇娜是哈利的主人。

儿童5:但(不幸的是)……缇娜的又胖又壮的哥哥跳上了哈利的背,弄伤了他。

儿童6:但(幸运的是)……哈利是一只强壮的马,它把缇娜的哥哥丢下马背后跑走了。

儿童7:但(不幸的是)……哈利在路上遇到了一条龙。

儿童8:但(幸运的是)……这是一条友善的龙,想要跟哈利成为朋友。

儿童9:但(不幸的是)……每次龙想要开口说话,他嘴巴里的火就会喷向哈利。

现在试试这个

你可以选择本章中的一个游戏与孩子一起玩。让一名朋友或同事观察活动后,你们可以谈论观察到的东西,以及你们认为孩子们所使用的思考技能。同时,你们还可以反思做怎样做才可以在不同的孩子身上改善或应用这个活动。

4.9　本章小结

本章包括了以下重点：

1. 我们可以帮助儿童学习如何比之前更会思考。

2. 常规思考包括我们几乎是潜意识下做的所有事，例如行走、坐下、呼吸和做梦。

3. 反思性思考包括对观点和替代选择、后果和设想、排序和分层等的思考。

4. 教导儿童如何思考，主要是关注反思性思考的提高。

5. 我们能帮助儿童发展和提高许多思考技能，包括预算、评估、给予理由、联系、组织、预测和提问。

6. 思考技能从来不是在孤立隔离中习得的；相反，它们最佳的习得环境是充满促进想象力、创造力、反思和元认知的积极互动及机会的环境。

7. 本章中有 8 个思考游戏。它们都能根据孩子的发展阶段进行改编，提供挑战或支持。

第五章 聆听、思考和提问

儿童不会记得你尝试教给他们的东西。
他们记得你是怎么样的。

詹姆斯·莫里·"吉姆"·亨森(James Maury 'Jim' Henson),布偶电影的创造者

5.0 耐心聆听

如果你希望这本书中所有活动和建议能得到有效的应用,其绝对先决条件是耐心聆听儿童。在许多年前玛丽·巴德·罗(Mary Budd Rowe)(1986)就强调过这一点,她发现成人在询问儿童一个问题后,提出另一个问题或给予提示的平均等待时长为一秒或更少。这对儿童来说并不是很长时间,而且这也没有显示出很多的耐心!

> 玛丽·巴德·罗的研究显示,在成人提出一个问题与儿童回答或成人继续说话之间典型的"等待时间"只有0.8秒!

所有儿童都应该被鼓励去惊叹(wonder)、阐释和停下来思考。玛丽·巴德·罗提议通过引入"等待时间"(wait time)的概念这一简单的方法,将其变得更具可能性。她观察到成人在向孩子提下一个问题前等待至少3秒,然后再在儿童给出答案后等待3秒,效果可以是十分惊人的:

- 具有优势的儿童,其解释长度增加五倍,处境不利的儿童则增加七倍。
- 儿童主动的、恰当的答案数量极大地增长。

- 不回应及回应"我不知道"的数量从 30％ 减少至 5％ 以下。
- 儿童提问的次数增多。
- 当这些儿童开始上学时，他们的学业成绩显示出提升的倾向。

　　当问题与回应之间的"等待时间"延长到 3 秒及以上，对儿童而言就有许多好处。

　　玛丽·巴德·罗的研究在今天的意义与过去一样重要。况且它与《早期挑战性学习》这本书中所有建议的活动都有关系，因为它们都依赖于高质量的对话。需要记住的是玛丽·巴德·罗的研究从 20 世纪 70 年代开始就在不同的国家被多次重复验证，而研究结果都是一致的：在典型的教育场景中，儿童只有很少的时间去处理信息、语言和想法，导致其对话中的投入受限。

　　成人在进行这些活动时等待更长时间还有其他好处。罗伯特·斯塔尔（Robert Stahl）（1990）注意到当时间延长到 3 秒后会有以下提高：

- 成人的提问策略倾向于更多样和灵活。
- 成人减少了他们的问题的数量，而提高了质量（以及多样性）。
- 成人询问额外的、要求其儿童具有更复杂的信息处理和高阶思维能力的问题。

　　延长等待时间也会提高成人提问的质量和多样性。

　　顺道提一句，你可以在《通过对话进行挑战性学习》（诺丁汉、诺丁汉、伦顿，2017）这本书中找到更多关于这个研究的信息以及一些相关建议。

　　思考—结对—分享是一个有效提高等待时间的工具。它还能给儿童更多的机会去发展他们学习的语言。

　　一个经典的方法去增加思考时间是通过思考—结对—分享（Think-

Pair-Share)策略。这是一个简单但有效的方式,给予孩子时间去处理他们的想法并选择需要的语言去投入对话。这个一般按照以下步骤进行:

- 某人问一个问题。
- 儿童自行**思考**至少 3 秒。
- 儿童**结对**讨论可能的回应。
- 邀请志愿者在大组里**分享**他们的想法。

这个方法的好处是你的孩子在回应前会得到更多机会去准备和练习所需的语言。通过在一开始的独自准备,然后口头表达自己的想法,再与其他儿童的想法作比较,他们会有时间去演练和规划自己的见解。这反过来让你的孩子更愿意去说出自己的想法,更好地使用语言,以及更愿意接受认知风险。所有这些都应该在早期卓越的儿童及学校环境中得到鼓励。

现在试试这个

询问你的同事是否可以观察一个由他们引导的学习活动。暂时不要告诉他们,你在观察什么。请记录他们给予儿童对问题和想法的反应时长。如果可能,最好在过程中进行录音或录像。然后,与你的同事讨论你的发现以及你们在这次经验中学到的东西。确保所有的一切都建立在学习和信任的精神上。批评、暗示或其他东西不应该出现。

5.1　信任与尊重

布莱克(Bryk)和施耐德(Schneider)(2002)的研究显示,培养信任关系是改善儿童学习的关键因素之一。信任是一个人在可靠性、善意和诚实方面的坚定信念。

儿童信任他们认为可靠、诚实、意图良好的人。

当信任成为孩子学习经验的一部分,他们就会愿意承担风险、犯错、表达观点和彼此间更积极地进行协作。

当孩子进行本书中的一些活动时,可以建立其信任和尊重的方法包括:

- 给予挑战,不要计分
- 保持幽默和谦虚
- 提供好玩的把戏

给予挑战,不要计分

本书中许多活动得益于苏格拉底的教育传统。苏格拉底(公元前470—399)经常提出一系列的问题去帮助一个人反思他们潜在的信念以及知识的范围。这种问题不是关于计分或证明某人的错误的。确实,苏格拉底提问雅典人同伴时,不是从他是对的而别人是错的傲慢感觉出发,而是由发掘阻碍通往真正智慧的矛盾和错误概念的渴望所引发的。

在支持性挑战的基础上建立信任时,这本书中所有的活动都能得到最好的发挥。

它跟书中的活动是一样的,都不是设计成让你的孩子对自己不知道的事情感到难过的,也不是为了让他们担心自己会陷入困境:实际上恰恰相反。

早期挑战性学习是设计成帮助儿童在学习方面进行更深入思考的。这些书中的活动应该促进儿童识别复杂和微妙事物的一种探索精神。这不关乎得分,而是与对新思路的意识、理解和创造相关。

保持幽默和谦虚

幽默和谦虚很难通过一本书来传达,但它们绝对是早期挑战性学习的关键影响因素。

幽默和谦虚同样是使书本中的活动发挥更好的元素。

如果你在进行书中其中一个学习活动时,给人一种审问孩子的形象,那将是非常令人沮丧的。相反地,你应该保持轻松和谦逊的态度。这意味着使用短句如"对不起,我不确定你的意思是什么"或"我不明白,你可以帮帮我吗?"。也就是说跟你的孩子一起开玩笑,而不是在嘲笑他们。承认你不是什么都知道,询问简单天真的问题,并使用声调和身体语言来展示出你在享受与你的孩子一起进行思考和探索。

提供好玩的把戏

在某种意义上,我们在倡导一种把戏的类型,特别是尝试让儿童进入学习坑的时候(见章节 2.3),然而,我们只是用好玩的方式表现"把戏",这在早期学习中是很典型的。我们绝对不是指一个行骗高手试图欺骗某人的手段。想想把硬币藏在耳朵后面的把戏,而不是在别人察觉前就把手表从他们手腕上脱掉的诡计!

你可能还想知道,"挑战"的词根源自拉丁语"*calumnia*",最初的意思就是欺骗。

5.2　听和想(而不是听和说)

不管我们在什么时候设立早期挑战性学习活动,我们在一开始就会告诉孩子们,希望每个人都尽他们全力去聆听和思考。我们注意到,我们不倡导"听和说"而提倡"听和想"。当然,我们也希望儿童对在别人面前讲话这件事感到足够的自信和有兴趣。因此,我们最不想做的事就是为了让他们能够集中精力思考在现场发言时应该说什么而简单地减少他们思考的次数!

当开始任何书中的活动时，提醒你的孩子去聆听和思考。

常见的信念是教育者应该尝试确保所有儿童在每次讨论中至少说出一样事情。这种想法认为如果他们说话了，我们就能显而易见地"知道"他们认真听讲了。然而这是荒谬的，因为儿童对在别人面前讲话感到焦虑时会更少集中精力听别人说的话！相反地，他们会将精力用于避免被挑选去发言。

不要坚持让所有儿童在每个游戏中都说话，因为有些儿童在没有一定要说话的压力下能更好地思考。

凯瑟琳·库克·布里格斯（Katharine Cook Briggs）及其女儿伊莎贝尔·布里格斯·迈尔斯（Isabel Briggs Myers）的研究提供了其中一种解释。在第二次世界大战中，她们创造了迈尔斯·布里格斯类型指标（Myers-Briggs Type Indicator，MBTI）来帮助女性识别舒服和有效的战时工作的类别。她们工作的理论基础是卡尔·荣格（Carl Jung）的理论（布里格斯和迈尔斯，1943）。

在 MBTI 评估工具提出的四对偏好中，一组"对立"侧重于"外向"和"内向"之间的差异。研究发现，一些人倾向于"行动—反思—行动"，另一些人则倾向于"反思—行动—反思"。或者，换一种说法：

内向型思考是关于思考怎么说话。

外向型思考是关于在说话时进行思考。

布里格斯和迈尔斯提出一些人"思考怎么说话"，另一些人"在说话时思考"。

当然，这是一个性格的测试，所以应该对此持保留态度。这也与环境相关：我们中有多少人在被拉去参加满是陌生人的聚会时表现得性格内向，但在自己组织的派对上又表现出外向？环境背景显然十分重要！所以说我们一直都是这样或那样的就显得不正确了。

关键是一些人——包括儿童——通常会发现如果他们不需要说任何话,进行思考则变得容易。而另一些人则通常发现,多说话有助于理清思维。相比之下,在很多活动中,成人一开始就会说:"我要把这只毛茸茸的猫头鹰传一圈,等你拿到了,也只有在那时,才轮到你说话!"

想象一下,你正处于一种内向思考的状态,而你首先拿到了那只毛茸茸的猫头鹰。你会怎么做? 每个人都充满期待地看着你,但你还没有时间考虑你要说什么。随着压力增加,你的老师提醒你如果你想跳过自己就说"跳过"。问题是,你知道如果你说跳过,每个人都会认为你是个笨蛋。同时,在圆圈的另一边,是一个渴望说话的外向思考者,已经准备好要倾吐语言和想法! 最后,这个外向型的孩子大声喊了出来,而老师也因为他违反规则而对他咆哮。

噢,教书的乐趣!(是的,我们也做过很多次"那种"老师)

外向型思想者喜欢将想法说出来,所以他们会因为需要等待说话的时机而沮丧。内向型思考者更喜欢在说话前先思考,所以如果迫于压力先说出想法,他们也会感到沮丧。

鼓励外向和内向的思考方式以进行对话的更好的方式包括:

反思时间:给每个人一点时间去整理想法或(非常安静地)与旁边的人分享第一个想法。

暂停:中途暂停活动以给予孩子一些思考时间。可以做一个体育活动然后再回到原来的活动。

内圈和外圈:如果你要带一大群孩子,这种方式将会特别有效。把这些孩子分成两组,让一半孩子坐成一圈,另外的孩子坐在这圈的外面。外圈的孩子聆听内圈的孩子说了什么。每隔一段时间,你可以调换一下小组,这样内圈的孩子就有时间倾听,而外圈的孩子就有机会说话。

这里有一些方法可以用于帮助内向型和外向型思想者。

当然,我们之中可能很多人在一些儿童不说话时仍会感到担心。但是,我们不知道儿童不说话时也可能在专心思索!许多儿童已经学会了一些短语和策略,用来给人营造一种他们在集中注意力的印象,而实际上他们的心思却在别处。

> 如果儿童不说话,不一定意味着他们不专心。反之亦然:那些在说话的儿童可能没有十分用心(通过儿童的评论来判断!)

所以无论你是与一个儿童还是一整组的儿童讨论,我们建议:
- 提供暂停和反思时间。
- 可行的语言。如"或许""可能"或"我在想"等短语促进开放性和探索的感觉,这是十分重要的,尤其是对于认为他们在说话前需要练习确认的儿童来说。
- 观察儿童对说过的话如何反应。如果儿童在合适的时候笑出声音、点头或摇头来回应某人做的某事,或者通过身体语言以一定方式响应说过的某事,那么他们就可能是在专心听讲,即使他们还没有说话。

现在试试这个

特别注意平时在活动中不太说话的儿童。他们在活动中或者别人在讲话时认真听讲的外在信号是什么?这或许包括身体语言、眼球运动、头部倾斜等。与你的同事讨论并思考这个问题:"我们可以确定哪些儿童在专心听讲而哪些不是吗?"

5.3   发展提问能力

在章节 5.0 中,我们提到了玛丽·巴德·罗(1986)的研究。罗还发现,教育者会询问很多问题。事实上,她发现教师每天平均询问 400 个问题,确实很多。想象一下你在回答一份具有 400 道问题的问卷时会有多少积极的感受!因此,这部分不是关于提高问题的数量,相反,它是有关提问的质量。

> 问题都是与情境相关的,最好避免考虑"高阶"和"低阶"问题。相反,应该思考在不同时间为了不同目的提出不同问题。

我们的出发点是建议你抵制所谓"低阶"问题是不好的,或者"高阶"问题是好的这样的想法。我们相信将问题按标准和等级分层,人们会离真正重要的东西更加远:提问的过程和效果。

把问题想象成车子。没有一辆车子在各方面用途都比另一辆车子好。一辆小汽车是在小镇中短途旅行的最佳选择,但在搬家时就显得不那么优秀了。一辆电动汽车对绿色出行很有助益,但如果是规定路线中没有地方进行充电也就暴露出了劣势。而一辆四轮车听起来感觉能在雪地中行驶良好,但如果配备的是型面高度低的夏季轮胎,则不是那样了。换句话说,这里没有"高阶"车或"低阶"车。每辆车在特定的用途中都有其优势的一面,而换个方面可能就显得十分无用。

有效的提问是一个互动的过程,关于多样性、目的和流畅度。你的提问应该鼓励儿童进行更多思考。它应该鼓励他们去思索和参与,引导他们自己提问。你的提问不应该着重于提升"教师的说话"水平,而应该致力于增长儿童的学习。

现在试试这个

　　要求某人记录下你和孩子在一起的短片段。我们建议是15—60分钟时长。如果你像我们之前所说的一样，你会讨厌看到视频中的自己，那么你就可以尝试忽视，将注意力放到你的提问技术上。使用图表28来帮助你思考你与儿童互动的质量，以及下次你可以做什么，使那些互动能变得更好。

图表28　提问的质量

低质量	高质量
连珠炮问题	考虑周全的、帮助儿童思考的问题
直接向整组提问，只有很少儿童回应的问题	向愿意回答的个体直接提问的问题
要求儿童陈述与其他事情无关的小知识的问题	促进想法间相互联系的问题
询问儿童已经知道答案的问题	询问儿童如何知道答案的问题
能快速回答的问题	需要思考时间的问题
限制儿童当前理解的问题	拓展儿童理解的问题
成人询问的问题	儿童询问的问题
直接回答问题	独自反思和享受问题的时间

5.4　开放式问题

　　在之前的章节中，我们说过问题的目的和质量比提出问题的类型要更加重要。话虽如此，一些问题一般可以（尽管不是一直可以）帮助拓展儿童的思维。这些问题主要是开放式问题和苏格拉底问题。我们会在这里分享一下这两种类型的问题。

　　　如果你的问题的目的在于深化学习，那么开放式问题可以提供帮助。

　　开放式问题被设计为鼓励儿童给出将想法和感受联结在一起的，更丰富、更具意义的答案。与开放式问题对应的是鼓励一个简短或者单个字词答案的封闭式问题。当然，开放式问题能否获得成功将取决于你的提问技巧。假设，如果你给予孩子时间思考，鼓励孩子探索和承担认知风险，那么以下问题将可以帮助拓展儿童的思维：

你在干什么？

你能描述发生了什么吗？

你可以想出一个新方法去做这件事吗？

谁可以想到另一个主意？

为什么那会发生？

你觉得接下来会发生什么？

你怎么使那个运作？

它们有什么相似之处？

它们有什么不同之处？

它们当中哪个好一点？为什么？

它使你感觉怎么样？

在一起学习的感觉怎么样？

你下次可以用什么不同的方式去做？

你学会了什么？

在这个过程中最难的事情是什么？

在这个过程中最容易的事情是什么？

在这个过程中最有趣的事情是什么？

5.5　苏格拉底问题

一般认为,苏格拉底问题源于古希腊哲学家苏格拉底(公元前 470—399),他提出了勇气、美丽、美好生活等基本概念的寻求问题。

苏格拉底问题是一些开放式问题的示例。

我们根据詹姆斯在他的原著《挑战性学习》(2010)中首次使用的方法,将其分层为容易记忆的"渴望问题"(CRAVE Questions)。这种组织方式可以帮助你和孩子们一起工作时更有效。

苏格拉底问题可以被分层为 6 种类型:寻找说明、理由、假设、观点、效果和元认知。

这些问题在创造认知冲突和帮助孩子从学习坑中爬出都十分有用(见章节 2.3),我们强烈建议你将这些例子展示在幼儿园的墙上,以便你在与孩子互动时方便参考。这样提问技巧就更有可能成为日常练习的一部分。

"CRAVE Questions"代表:

澄清(**C**larification)

原因(**R**easons)

假设(**A**ssumptions)

观点(**V**iewpoint)

效果(**E**ffects)

提问(**Q**uestions)(对问题的提问,元认知)

澄清(C):促进澄清和深度理解的问题

- 这是什么意思?
- 这和我们刚才谈论的有什么关系?
- 关于这个我们已经知道什么?
- 你是说……或者……吗?

- 你能用另一种方式说吗?

理由(R):检查理由是否支持结论的问题

- 你为什么这么说?
- 为什么……会发生?
- 还有什么其他原因吗?
- 你能给我们举个例子吗?
- 你有一个好理由吗?

假设(A):检验假设和毋庸置疑的信念的问题

- 你的假设是什么?
- 你认为会发生这种事吗?
- 如果……会发生什么?
- 你同意还是不同意……?
- 那么,你是否认为……?

观点(V):寻求对某一情况的另一种解释的问题

- 可以用其他方法来看待这件事吗?
- 你的朋友会怎么说?
- 你认为谁会改变这一点?
- 它最好的和最坏的是什么?
- 你如何从另一个角度看待它?

效果(E):旨在揭示结果和暗示的问题

- 你认为接下来会发生什么?
- 如果我们这样做,会发生什么?
- 这个是如何影响那个的?
- 我们可以通过改变什么来获得一个不同的结果?
- 如果你那样做了,你希望看到什么?

提问:对于问题的提问(元认知)

- 你的问题有多有效?
- 你的问题中哪一个是最有用的?
- 你认为他为什么会问这个问题?
- 你能对今天听到的提问进行改进吗?

- 将来你会怎么改进你的提问?

5.6 谁、什么、哪里、什么时候、为什么、怎么样

一个帮助你的孩子建立提问技能的好方法,是跟孩子一起阅读一个故事后使用图表 29 中的表格。

图表 29 六个最佳的故事问题

谁	谁是主角?
什么	他们做了什么?
哪里	他们去了哪里?
什么时候	故事在什么时候达到高潮?
为什么	为什么这是一个好故事?
怎么样	你觉得怎么样才能使这个故事变得更好?

当儿童学会如何通过独立提问拓展学习的问题时, 提问可以更加高效。

现在试试这个

想出 3 到 4 个问题,可以与 6 个"渴望问题"类别中的每一个问题搭配。在未来几周内尝试你想出的每一个备选方案,然后与同事讨论哪些方案最适合你的孩子以及为什么。

5.7　问题主干

其他有用的问题主干包括图表 30 中的展示。我们再一次建议你在幼儿园或学校墙上展示这些，以方便你参考。这会帮助你想出挑战学生和引导学生参与的问题。

图表 30　创造问题主干

问题主干	示例
什么是……？	什么是**宠物**？
我们怎么知道……是什么？	我们怎么知道**幸福**是什么？
谁说……是什么？	**谁说玩具**是什么？
是什么让……？	是什么让某样事情**变得很好**？
会显得你……？	如果你听到笑话时不笑会显得**不礼貌**吗？
一直或从不	我们应该一直**分享**事物吗？（游戏？想法？）
一直或从不	我们应该从不**说谎**吗？
如果……会怎样？	如果**动物**可以和人类谈话会怎样？
……可能吗？	一直保持**快乐**可能吗？
……怎么会……？	做梦和思考怎么会不一样？
什么时候……？	什么时候**选择**是一种坏事？
谁……？	谁决定什么是**公平**？
我们可以……？	我们可以不用**言语**思考吗？
……之间有什么不同？	一个**故事**和一个**童话**之间有什么不同？

这些问题的出发点，是成为帮助儿童发展他们的提问技巧的基石。

一个使用这些问题主干的好方法,是每周使用一个不同的主干。然后你可以帮助你的学生在学习一个新的问题主干前养成使用特定主干的习惯。随着时间流逝,他们会建立起提问技能,这会成为他们以及他们所做的事的一部分。

另一个关于你如何帮助你的孩子发展这种态度的解释,我们鼓励你阅读章节 6.2 中的示例 5。

5.8 思维进步

促进儿童思维能力进步有许多方式。图表 31 给出了一些观点。

在学习中提问的目的是拓展和构建儿童的理解。图表 31 展示的是其对儿童语言技能的影响。

图表 31 思维进展

正在出现	发展	拓展
说话	讨论	辩论
共事	合作	协作
给予理由	解释	辩护
思考	专注	聚焦
选择	决定	总结
轮流	参加	参与
建立连接	建立联系	理解联系
提出问题	理解	解释
回答问题	回应	联结
记住	回忆	连接

5.9　本章小结

本章包括了以下要点：

1. 所有儿童都应该被鼓励去惊叹、阐释以及停下来思考。

2. 玛丽·巴德·罗（1986）发现成人在询问儿童一个问题后，提出另一个问题或给予提示的平均等待时长为一秒或更少。

3. 成人在儿童给出他们的答案前等待至少 3 秒，然后在儿童给出答案后再等待 3 秒，效果是非常积极的。

4. 一些儿童倾向于在说话前仔细思考。这可能意味着将儿童放在聚光灯下，要求他们讲话反而会对学习过程产生反作用。给予儿童思考时间和邀请愿意说话的儿童说话是更好的方法。

5. 出于同样原因，一些儿童在说话时能思考得更好。因此阻止这些孩子说话是与初衷相悖的！我们应该给予他们许多机会去表达自己的想法。这可以包括低声说出他们的想法或者在更大的小组内分享前与同伴交谈等。

6. 抵制所谓的低阶问题是不好的、高阶问题是好的这样的想法，是明智的。学习的关键更多的是提问的过程，更少的是问题本身。

7. 有效的提问是一个互动的过程，关乎多样性、目的和流畅度。

第六章 取得进步

> 游戏是一切新事物产生的答案。
>
> [让·皮亚杰(Jean Piaget),1955]

6.0 关注进步

书中所有的观点都集中在帮助孩子发展和茁壮成长上。另一种说法是,都是为了让孩子取得进步。

这里"取得进步"指的是熟练程度上的收获。本书的例子包括帮助幼儿改进学习态度,获得技能和知识;支持成年人提升提问技能;使用不同的策略来改善学习环境,让每个人都能受益。

教育应该着眼于进步似乎是相当明显的一件事。然而现实似乎并没有这么简单。举个例子,一个孩子表现出他会系鞋带或骑自行车。我们应该为他的这些能力而赞美他吗?我们应该说,"这很好,你做得很好"吗?我们大多数人可能会说是的——前提是我们没有思考过这个问题是有陷阱的!

这确实是一个有陷阱的问题,因为如果我们所称赞他们的技能对于他们来说是很容易的呢?如果这是他们的"简单路径"呢?如果你因为系鞋带或骑自行车而受到表扬,你会有什么感觉?你会认为,不管是谁称赞你,都是在讽刺或居高临下;或者两者兼而有之。

我们大多数人不会因为孩子做了简单的事情而表扬他们。

然而,这种情况是否经常发生在孩子的生活中,而不仅仅是在我们的幼儿园和学校?想想那些即使考试对他们来说很容易,却因为在考试中获得满分而受到表扬的学生。或者是最善于表达的人,因为比其他人更愿意主动回答问题而受到称赞。抑或是技艺最精湛的球员,因为比其他人得分更高而受到表扬。这些情况是如此普遍,仿佛这就是应该做的事情。但正如我们在第二章中所探讨的,这些正是那么多孩子选择待在舒适区的一些原因。他们认为自己表现得越好,成人们表扬他们的机会就越大。因此,为了使自己表现良好的机会最大化,他们谨慎行事,只选择已经可以做的事情。"聪明"的孩子会去寻找自己能拿高分的考试;"口齿伶俐"的孩子只有在能找到正确的词语使用时才去回答问题;"灵巧"的孩子总是想和其他"灵巧"的孩子在同一个队!不过,这里还有另一种方法。

然而在学校里,很多老师会奖励那些把每件事都做对的学生,即使他们毫不费力地完成了任务。

另一种方法是关注孩子取得的进步。所以,与其着眼于最终结果,不如着眼于他们为达到目标所经历的过程。我们要确定他们的起点和目标。我们谈论的是他们的个人最好成绩,而不是谁比谁好。我们鼓励他们提升自己,但主要是和自己竞争而不是相互竞争。

我们应该避免表扬孩子们的轻松成功。相反,当他们在要求较高的活动中取得进步时,我们应该表现出高兴。

这里有一些例子供你选择。
单件艺术品
不要只展示完成的作品,要展示孩子们从开始到完成作品的进步,以及中间的进步。(见图表 32)。

一种吸引人们注意进步的方法是在孩子们完成的作品旁

边展示他们的第一次尝试，这样观察者就可以看到进步。

图表 32　展示一件艺术品进步情况的照片

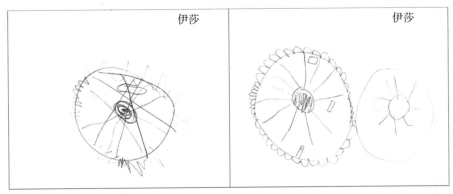

展示儿童在几周内创作的一系列艺术品来显示儿童的进步故事。

艺术品的发展过程

收集孩子们在几周内的一系列图画，然后把这些改进并排展示出来。

图表 33 显示了儿童 5 岁(画 1)到 7 岁(画 4)画作的过程。

图表 33　展示艺术品的更长线的发展过程

1.　　　　　　　　　　　　2.

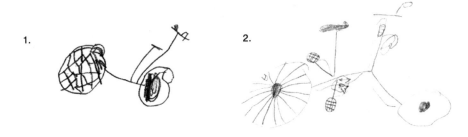

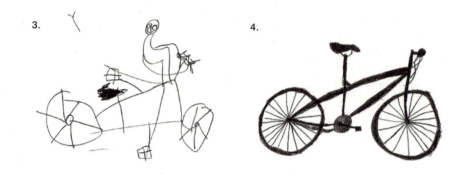

模型和建造过程

　　同样的道理也适用于孩子们制作的模型。你可以拍摄构建模型的过程,然后展示完成模型过程中的步骤。或者你可以给孩子们在几周或几个月里建造的物体拍照,然后展示他们所搭建的越来越复杂的模型(见图表 34)。

图表 34　展示模型建造过程的照片

　　在孩子们做模型的时候拍照, 然后用它们来讲述进步的故事, 这是一种吸引人们注意学习过程的有效方式。

理解的进步

我们喜欢伦敦达利奇预科学校(Dulwich Prep School)的例子。图表

35 是山姆(Sam)在回答"你认为'科学'是什么意思?"这个问题时所说的话。图表 36 显示了六周后,他在参加过一些科学课程后对同样问题的回答。当这两种反应并排展示时,它很好地引发了人们对学校重视进步的关注。

图表 35　什么是科学? 第一周

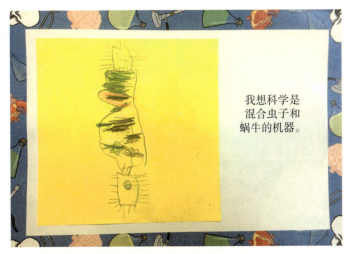

图表 36　什么是科学? 第六周

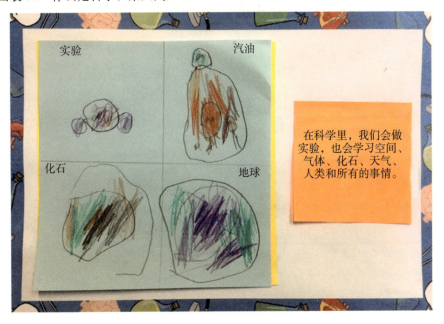

娜娜的蝴蝶

这段名为"奥斯汀的蝴蝶"的视频是油管（YouTube）上一个很有名的视频，罗恩·伯杰（Ron Berger）在视频中邀请缅因州波特兰市帕克斯考特小学（Presumpscot Elementary School）的孩子们提供反馈。他们的建议帮助奥斯汀改进了他的蝴蝶画。受到这个启发，娜娜·罗杰（Nana Roger）与丹麦弗雷德里克斯堡（Bornehuset Sneglehuset）的孩子们开展了一个类似的项目。

正如娜娜报道的那样："我邀请 5 岁的西利亚（Silja）在网上挑选一张她喜欢的蝴蝶图片（图表 37），然后复制一张。"她的第一次尝试如图表 38

图表 37　娜娜的蝴蝶

图表 38　西利亚的蝴蝶，版本 1

所示。"然后她的朋友们一个接一个地给她反馈,然后西利亚画了另一个版本的蝴蝶。"图表 39—41 显示了这个过程。与本章的所有其他例子一样,将不同的尝试并排展示有助于强调和庆祝孩子学习进步的重要性。

图表 39　西利亚的蝴蝶,版本 2

图表 40　西利亚的蝴蝶,版本 3

图表 41   西利亚的蝴蝶,版本 4

写故事

下一个例子来自利兹的布鲁登奈尔小学(Brudenell Primary School)。他们通常隔几个月就会给孩子做同样的活动,这样他们就能更清楚地看到进步。然后与孩子和父母一起庆祝,这还会影响接下来的教学步骤。图表 42 显示了 5 岁的杰西卡(Jessica)从第一年的 7 月到下一年的 5 月之间的进步。

图表 42   5 岁的杰西卡在故事写作方面的进步

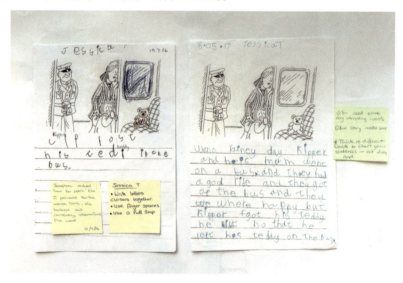

日记

为你所有的孩子创建日记。这将有助于分享孩子们参与的活动和学习经验的细节。在周末，可以把注意力放到孩子在一两个关键点上取得的进展。例如，"萨姆学会了拉上自己的外套拉链，在爬到外面的木架上时越来越自信了"。

> 日记、思考日志和学习文件夹是跟踪和分享孩子学习进步的常用方式。

思考日志

为你的孩子创建思考日志，让他们在不同的学习活动中画出自己的想法。随着时间的推移，他们可以产生更多的想法，或者扩展他们之前记录在日志里的原始想法。这些日志将向孩子们、他们的父母和你展示他们的想法是如何随着时间的推移变得越来越复杂的。

学习文件夹

给每个孩子一个大文件夹，前面放一张他们自己的照片。然后用这个来收集他们一年下来学习的例子。这可以由你、孩子和孩子的父母来补充。随着年龄的增长，当他们升学或换小组时，也可以使用这个学习文件夹。

> 邀请孩子们参加家长会，让他们有机会谈论自己的学习进展。

学习会议

举办学习会议，让孩子向家长展示他们最近取得的进步。这让你的孩子有机会展示他们一直在学习和改进的例子。如果与这里的其他一些想法一起使用，那么每个孩子都应该有很多例子可以展示。

日益增长的信心

记录孩子们所从事的一些活动。寻找信心增强的迹象。这可能包括

问更多的问题,给出更长的回答,更愿意说"不,谢谢"等。这可以与章节
1.6 中展示的学习侦探思想配合使用。

阅读

记录孩子在一段时间内学会阅读的字词,可以借助进步树的形式,每
个新的声音/字词都被写在叶子上(见图表 43)。当树上满是树叶时,孩子

图表 43 一棵阅读进步树

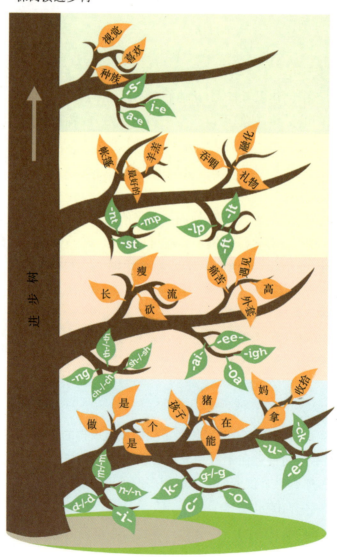

可以看到自己的进步。当新的阅读阶段开始时，可以画一棵新的树，或者在原来的树上添加不同颜色的叶子。

自理技能

做一些纸板人像。当孩子们掌握了穿衣的各个阶段，比如操纵纽扣、拉链、鞋带等时，他们就可以给自己的纸板角色添加与此技能相关的图像。例如，一旦他们学会了独立扣上外套，就可以为自己的角色身上画一件外套。

在进步树上添加叶子，是一个很好的让孩子记录他们学习进步的视觉方法。替代方案包括往蜂巢里添加蜜蜂、往池塘里添加鱼、为一个角色添加身体部位（如"倒挂着的人物"），或者是在夜空中添加星星。

计算能力

创建显示孩子们在计算能力方面所处位置的进步箭头。例如，一个子节点的进步箭头可能如图表 44 所示。

图表 44　计算能力的进步箭头

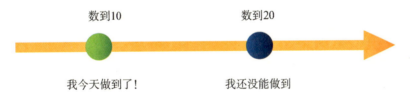

数到10　　　　　数到20

我今天做到了!　　　我还没能做到

运动日

记录你孩子几个月以来在体育课上的表现。例如，他们在 30 米赛跑时能跑多快，他们能跳多远，在拿着盛有蛋的勺子赛跑（egg-and-spoon race）时他们能跑多快等等。然后在运动日记录他们的表现，并给每一个超过他们个人最好成绩的孩子颁奖。

　　运动日不应当被视为一次性的活动。相反，如果你在数周内记录孩子们的表现，运动日就可以成为孩子们战胜自己最好成绩的庆祝活动。

版本 2.0

　　每个月，拿出你的孩子在前一个月创建的东西。然后邀请他们使用新提高的技能和理解来编辑自己的原创作品，加以完善。例如绘画、素描、写作和字母排列等。

6.1　在 SOLO 分层方面的进步

　　SOLO 分层是思考学习进步的一种非常有用的方法。SOLO 代表观察到的学习结果的结构。约翰·比格斯和凯文·科利斯在 1982 年的《学习质量评价：个人分层》(*Evaluation the Quality of Learning：the SOLO Taxonomy*)一书中首次描述了这一现象。

　　SOLO 分层法是描述学习过程的一种简单而有效的方法。

　　SOLO 分层法可以帮助描述一个人从表层知识到深层理解的过程。模型中有五个阶段(图表 45)。

　　为了帮助你更好地理解 SOLO 分层法，我们将其应用到了图表 46、图表 47 和图表 48 里幼儿所熟悉的内容中。

　　图表 45 给出了 SOLO 分层法的概述。图表 46、图表 47 和图表 48 给出了如何将 SOLO 分层法应用于 3—7 岁儿童的热门话题的示例。

图表 45　以 SOLO 分层的方式展示进步

SOLO 阶段	
前结构水平 （Prestructural） 	**没有想法** SOLO 阶段：前结构水平 孩子对这个话题一无所知。例如，他们不知道迷你野兽（无脊椎动物）是什么。
单结构水平 （Unistructural） 	**单一想法** SOLO 阶段：单结构水平 关于这个话题，孩子知道一两件事。例如，他们知道黄蜂和蜘蛛是迷你野兽。
多结构水平 （Multistructural） 	**许多想法** SOLO 阶段：多结构水平 孩子知道很多关于这个话题的事情。例如，他们知道迷你野兽是小型动物，如蜘蛛、鼻涕虫、蜗牛、甲虫、昆虫和蜈蚣等；他们知道它们都没有脊梁，而且迷你动物比地球上任何其他生物都多。
关联水平 （Relational） 	**关联想法** SOLO 阶段：关联水平 孩子理解他们所学到的思想是如何相互联系和连接的。例如，他们可以解释不同小型动物之间的异同，包括腿的数量，它们是否有壳或没有触角，以及它们生活在哪里。
抽象拓展 （Extended Abstract） 	**回顾和扩展想法** SOLO 阶段：抽象拓展 孩子可以在新的环境扩展和应用他们的理解。例如，他们可以区分小型野兽和其他生物，如鸟类、鱼类和哺乳动物；他们还可以设计出拥有各种迷你野兽天赋和品质的超级英雄。

图表 46   关于颜色的 SOLO 分层

SOLO 阶段	
前结构水平	没有想法 SOLO 阶段:前结构水平 孩子不能命名任何颜色。
单结构水平	单一想法 SOLO 阶段:单结构水平 孩子知道红、黄、蓝等基本颜色的名称,并能识别。
多结构水平	许多想法 SOLO 阶段:多结构水平 孩子知道并能识别最常见的颜色,包括红色、黄色、蓝色、绿色、橙色、紫色、黑色、白色、粉色和棕色。他们还可以举例说明通常与这种颜色有关的物体(例如,黄色的香蕉和绿色的草)。
关联水平 	关联想法 SOLO 阶段:关联水平 孩子知道如何通过混合其他颜色来制造新的颜色。他们可以预测,红色和黄色混合会产生橙色;红色和蓝色混合会产生紫色;红色加白色变成粉红色等。
抽象拓展 	回顾和扩展想法 SOLO 阶段:抽象拓展 孩子可以解释颜色的意义。例如,红色代表危险,黄色代表快乐,绿色代表前进,等等。他们知道有许多颜色的深浅,并能据此将它们分组(例如,浅蓝色、亮蓝色、淡蓝色等)。

图表 47 关于外出着装的 SOLO 分层

SOLO 阶段	
前结构水平	没有想法 SOLO 阶段:前结构水平 孩子从来没有自己穿过衣服;大人总是会帮他们的。
单结构水平	单一想法 SOLO 阶段:单结构水平 孩子可以找到他们外出要穿的衣服,但不知道下一步要做什么。
多结构水平 	许多想法 SOLO 阶段:多结构水平 孩子可以自己穿上外出的裤子、外套和靴子。他们可以拉上外套的拉链,可以戴上帽子和手套。
关联水平 	关联想法 SOLO 阶段:关联水平 孩子可以向你解释他们是如何穿戴整齐并为外出活动做好准备的。
抽象拓展 	回顾和扩展想法 SOLO 阶段:抽象拓展 孩子可以教其他人如何为外出活动做好准备。

图表 48　关于季节的 SOLO 分层

SOLO 阶段	
前结构水平 	没有想法 SOLO 阶段：前结构水平 孩子不能命名任何季节。
单结构水平 	单一想法 SOLO 阶段：单结构水平 孩子知道夏天和冬天（也许还有春天和秋天）的名称，但不知道它们的意义。
多结构水平 	许多想法 SOLO 阶段：多结构水平 孩子知道季节的名称，并能描述与每一个季节相关的天气。
关联水平 	关联想法 SOLO 阶段：关联水平 孩子了解季节的顺序（例如，春天在冬天之后）。他们也可以将文化中的一些节日与季节联系起来（例如，冬天的圣诞节、春天的复活节、秋天的中秋节等*）。
抽象拓展 	回顾和扩展想法 SOLO 阶段：抽象拓展 孩子可以将季节性食物、农业、收获等联系在一起。甚至还可以将一年中的月份与相对应的季节联系起来。

* 当然,南半球的情况正好相反!

现在试试这个

选择以下主题之一。与一位同事一起，完成图表 49 中所示的
SOLO 分层法模板。

1. 字母

2. 动物

- 家畜

- 野生动物

- 森林动物

- 动物园动物

3. 城堡

4. 庆祝活动

5. 恐龙

6. 家庭

7. 耕种

8. 园艺

9. 成长

10. 房子和家

11. 卫生

12. 国王和皇后

13. 夜晚和白天

14. 大洋和海

15. 对立

16. 热带雨林

17. 收据

18. 回收

19. 海滨

20. 感觉

21. 形状
22. 空间和地球
23. 城镇和城市
24. 交通运输

我们将图表49留白，你在用于记录孩子在任何给定主题上的进展之前可以影印该图表。

图表 49   SOLO 分层模板

SOLO 阶段	
前结构水平	没有想法 SOLO 阶段:前结构水平

单结构水平	单一想法 SOLO 阶段:单结构水平

多结构水平	许多想法 SOLO 阶段:多结构水平

关联水平

关联想法
SOLO 阶段：关联水平

抽象拓展

回顾和扩展想法
SOLO 阶段：抽象拓展

6.2　SOLO 分层法和学习

在这本书中，我们提供了一些帮助儿童学习的建议。正如我们之前所提到的，这些建议都不是基于逼迫儿童或对他们进行温室式教育的精神做出的。相反，我们提出这些想法是为了帮助你对通过原有的事情做加法来帮助儿童茁壮成长。SOLO 分层法有助于进一步解释这一点。

本书中分享的每一个想法都是为了帮助儿童从……中进步

没有意识到，到……

变得熟悉，到……

真正理解或精通于，到……

在如何……方面有创造力

下面是一些在本书前文中分享的，说明 SOLO 分层法是如何可以用作展示进步的一些想法的例子。

这同样适用于态度、技能或知识方面。回顾这本书,以下是我们所提及的一些例子:

示例编号	章节	示例
1	1.4	如果我们选择其中一种"ASK"的态度,例如"决心",之后借助 SOLO 分层法我们可以思考如何支持儿童从没有学习决心,到在适合他们的情绪中下定决心;到在学习的各个方面都下定决心;到了解决心如何影响他们所做之事的结果;到选择如何、何时和为什么要下决心以及何时妥协。
2	1.6	学习侦探的关键是帮助儿童思考他们的学习。他们使用这种策略的成长可以从 SOLO 分层法的角度来考虑:开始他们不知道该做什么;然后他们会发现这个想法是为了寻找其他孩子在做什么;当他们进入"多结构"阶段时,他们将知道如何成为一名学习侦探,以及应当探索什么样的学习行为;之后,他们将了解探索的内容和该内容通常如何影响学习之间的联系;最后,他们会思考自己是如何学习的,以及可以做些什么来提高学习效果,即使不充当学习侦探。
3	2.3	学习挑战与 SOLO 分层法紧密相关。这将在章节 6.3 中探讨。但是,通过查看该部分中"真实"的示例概念,可以使用 SOLO 分层法来计划帮助儿童加深对此类概念的理解的方法。例如,在预备阶段,儿童可能不知道"真实"这一概念的含义;然后他们将知道这与现实有关(即使他们可能不会用语言来解释这一

点）；然后他们会知道真实意味着它是符合事实的，不是假装的，并且可以以某种方式看到它。这样之后，他们将继续理解真实与假装之间以及真实与事实之间的异同。最后，他们将能够举例说明在某种程度上是真实的事情，而在其他方面则不是真实的事情（例如角色扮演），并且他们将在日常情况下有目的和明确地使用"真实"这一概念。

| 4 | 3.5 | 章节 3.5 提供了有关增加使用探索型谈话的方法的建议。按照 SOLO 分层法的说法，这意味着帮助孩子摆脱不知道如何进行探索型谈话的过程；知道他们应该认真听取别人的意见，而不是打岔；通过给出理由，更长的解释，提出问题和进行协作来进行探索性谈话。在此之后，他们在使用探索性方面更加"自然"，这样他们在使用时就不再需要提醒了；最终，了解探索型谈话如何比任何其他类型的对话都能产生更令人满意的结果。当然，年幼儿童不会使用诸如"探索型"谈话之类的词汇，但只要他们能从周围的成年人那里得到正确的支持和鼓励（以及行为榜样），就还是应该能够学会这种类型谈话的技巧。 |
| 5 | 5.7 | 第 5 章分享了帮助成人和儿童发展提问技巧的方法。章节 5.7 给出了一些示例题干可以为提问建立基础。在 SOLO 分层法中，这意味着帮助儿童从不知道问题是什么，到识别何时提出简单的问题；到能够识别和适当地回答更复杂的问题；到能够恰当地使用预演的问题；最后能够在一系列环境中创建和使用包含自己目的的问题。 |

现在试试这个

从章节中准备好的问题列表中选择一个概念
2.5.3.描述孩子们通过使用如前所示的 SOLO 分层法在理解
这个概念上所能取得的进步。

6.3　SOLO 分层法和学习挑战

SOLO 分层法将我在章节 2.3 和章节 2.7 中分享的学习挑战一个阶
段一个阶段地联系了起来。图表 50 对此进行了概述。

图表 50　学习挑战与 SOLO 分层法

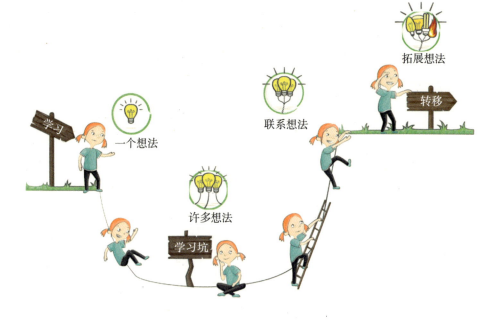

SOLO 分层法与学习挑战完美适配,如图表 50 和下列描述所示。

学习挑战的每个阶段与 SOLO 分层法搭配使用的具体方式总结如下。

没有想法

SOLO 阶段:前结构水平

学习挑战:阶段 0

这时孩子对这个话题一无所知。在这个阶段,学习挑战不起作用。在你让孩子进入坑之前,他们至少需要一些关于这个概念的想法。例如,你不能让四岁的孩子对像重力这样复杂的概念深究,因为他们都不太可能对重力是什么有模糊的概念!

单一想法

SOLO 阶段:单结构水平

学习挑战:阶段 1

当孩子对这个话题有一个想法或者至少有一系列基本概念的时候。在这个阶段,学习挑战的准备工作已经完成。一般来说,你可以先问这个概念是什么意思。比如说,"什么是朋友?"或者"什么是宠物?"只要一些孩子(而不仅仅是发展程度最高的孩子)能够给出一个相当准确的答案,其中包括关于这个概念的一两个事实,那么学习挑战就可以开始了。

许多想法

SOLO 阶段:多结构水平

学习挑战:阶段 2

这时孩子对这个话题有很多想法。在这一阶段,如果孩子还没有到那里,他们就要下到坑里去了。一般来说,你会通过帮助他们找到与他们最初想法相冲突的想法来鼓励他们进入坑中。例如,"你说朋友是你认识的人,但你认识很多不是你朋友的人,不是吗?"

关联想法

SOLO 阶段:关联水平

学习挑战:阶段 3

这时孩子开始联系他们的想法并理解想法之间的关系。在学习挑战阶段中,这是当孩子建立起理解的时候,到达了一个"我发现了"的时刻。有了这种新发现的清晰和有意义的感觉,你的孩子会获得一种成就感,他们给出的答案或他们的能力将明显地得到发展。

回顾和扩展想法

SOLO 阶段:抽象拓展

学习挑战:阶段 4

这时孩子可以扩展和运用他们对新环境的理解。在学习挑战阶段中,这是他们希望将新发现与过去知识相结合,以便更好地了解全局的时刻。同时他们也为理解创新和创造了新的运用。

6.4 进步和成长型思维方式

卡罗尔·德韦克(Carol Dweck)是斯坦福大学的心理学教授,也是畅销书《思维方式》(*Mindset*)(2006)的作者。通过 30 多年的研究,她发现有些人认为他们的成功是基于天生的能力;她说这些人认为智力是固定的。另一部分人则认为他们的成功是建立在努力工作和学习的基础上的。德韦克说,这些人所拥有的智力理论认为智力是"成长的"或"递增的"。

固定型和成长型思维方式, 是由卡罗尔·德韦克从一生严谨而细致的研究中发展出来的。

当人们认为他们的智力在一生中或多或少是恒定不变的,那么这会导致他们:

- 担心他们有多少智力或能力。
- 专注于展示他们比别人更聪明或更能干。
- 选择做对他们来说容易的事情,这样他们看起来就聪明了。
- 消极应对挫折和挑战。

- 将反馈视为批评。

当人们以这种方式思考和行动时，德韦克教授会说他们处于一种"固定型"思维方式中。

> 在固定型思维方式中，人们认为天赋和能力是相对不变的。

然而，当人们认为智力和能力不是他们"拥有"的东西，而是他们通过可以学习增强的东西，那么他们往往会：

- 专注于学习和提高。
- 选择能够拓展和挑战自我的事物。
- 寻求充分发挥其才能的方法
- 寻找从挫折和挑战中学习的方法。
- 将反馈视为他们可以从中学习的信息

当人们以这种方式思考和行动时，德韦克教授会说他们处于一种"成长"的思维方式中。

> 在成长型思维方式中，人们相信天赋和能力是发展的，是有可塑性的。

> 当人们拥有成长型思维方式时，他们会更喜欢学习。

思维方式对于儿童来说和对成人一样也适用，尽管可能儿童年龄越小，他们就越不可能处于固定型的思维方式中。我们这样说是因为婴儿和学步儿童很少表现出除了尝试新事物、探索和尝试的之外意愿。然而，随着孩子们的长大，他们会更加意识到对自己能力的"正常"期望。这导致很多人将自己与他人进行比较，并意识到有些人在某些事情上做得更好，而另一些人在同样的事情上却表现得更差。为了弄明白这一点，他们会寻找解释，但他们往往只看到"自然"的差异，而不是迄今为止取得的进展的差异。

尽管大多数幼儿倾向于成长型的思维方式，但太多的儿童在以后的生活中转向了固定型的思维方式。

作为一个和儿童打交道的人，你对儿童潜在的思维方式有着重大的影响。当然，你不会是唯一的影响；儿童的父母可能会产生更大的影响。然而，正如我们在章节1.0中提到的，当谈到比较幼儿游戏小组和小橡树时，你对你的孩子如何思考和表现会有深刻影响。如果你强调学习、进步、享受挑战和接受建议，那么你的孩子就更有可能处于成长型的思维方式中。然而，如果你强调天生的能力、孩子之间的比较、避免挑战和对错误的消极情绪，那么你的孩子就更有可能处于一种固定型的思维方式中。

作为成年人，我们可以做很多事情来帮助幼童继续以成长型的思维方式来看待世界。

同样值得记住的是，思维方式是因具体环境而异的。事实上，在某些情况下，人们倾向于一种固定型的思维方式，而在另一些情况下则可能倾向于一种成长型的思维方式，这是极为普遍的。我们的大女儿就是一个很好的例子：她游泳时是处于成长型的思维方式，但做数学时则是固定型的思维方式。每当她遇到一个她不能立即解决的问题，在游泳时，她会告诉自己："我有办法做到这一点；我只需要找到解决办法。"然而，在数学方面，她会告诉自己："这里有更多的证据证明我不会做数学。"猜猜她在哪种环境下进步更大？

思维方式不是一种性格特征，而是一种在特定情况下的思考方式。

所以，虽然我们不能希望影响孩子思维的每一部分，但在教育环境中，我们肯定会对她的思维产生重大影响。然后我们就必须希望并且相信学校会从我们中断的地方重新开始。

詹姆斯经常和德韦克教授进行巡回演讲。他们还合著了一本关于思维方式的书，该书于 2018 年面世。因此，为了深入了解德韦克的工作，我们建议你留意相关书籍。同时，以下三个章节为你提供了可以支持你为孩子提供帮助的事情。

6.5　思维方式和表扬

这些常用的赞美语更有可能引导孩子们形成一种固定型的思维方式：

- 聪明的女孩
- 好孩子
- 你是最棒的
- 你是一个有天赋的人
- 你很有天赋
- 出色的读者

表扬对儿童在以后的生活中倾向于哪种思维方式有着特别强烈的影响。

这并不是说表扬是件坏事，而是说，我们应该把赞美指向儿童的行为，而不是儿童自身。在进一步解释这一点之前，我们有必要看看德韦克众多研究中的一项。这项研究涉及 10 岁、11 岁和 12 岁的儿童，但德韦克和同事也对幼童进行了许多研究。也就是说，这项研究很清晰，所以这是一个很好的开始。

本文的细节摘自 1998 年卡罗尔·德韦克与克劳迪娅·穆勒（Claudia Mueller）为《人格与社会心理学杂志》（*Journal of Personality and Social Psychology*）撰写的一篇文章。在这篇文章中，他们描述了他们所做的一系列六个测试，目的是探索表扬对孩子表现的影响。

第一次测试涉及 128 名五年级学生(70 名女生和 58 名男生,年龄在10—12 岁)。每一个孩子由四个实验者中的一个单独观察。把他们从平时的教室送到一个空的教室后,实验者向他们介绍了一个任务。给他们一个简单的问题解决指南,然后要求他们在 4 分钟内解决 10 个中等难度的问题。

德韦克教授的这项研究涉及 10—12 岁的儿童。另外还有许多涉及幼儿的其他研究。

时间一到,实验者就给测试做了标记,告诉儿童其考得很好:

哇,你在这些问题上做得很好。你第(问题序号)题是对的。真是一个高分。

不管他们的实际分数如何,所有的儿童都被告知他们至少已经解出了80%他们回答的问题。

大约三分之一的孩子在智力上得到了表扬,他们被告知他们做得很好"因为他们很聪明"。

大约三分之一的孩子在过程上得到了表扬,他们被告知他们做得很好"因为他们努力了"。

大约三分之一的孩子是对照组,他们被告知他们做得很好,但没有进一步解释原因。

然后每个儿童都会得到以下三种类型的表扬:

然后每个儿童都要接受另一个测试,这次难度要大得多。每个儿童都在和难题作斗争。

然后他们被告知,他们在第二次测试中的表现比第一次测试"差很多"。

在收到负面反馈后,每个儿童都被要求解决第三组也是最后一组问题。这些都是与第一组相同的标准(中等难度),因此可以合理地预期每个儿童都会得到与第一次测试相同的分数。但他们没有。

左侧的数字显示了这组孩子在10分中的平均得分。

红线代表接受智力表扬的孩子

绿线代表接受过程表扬的孩子

橙线代表控制组的孩子

图表51显示了孩子们在得到不同类型的表扬后,回答第一组问题和第三组问题的得分是如何变化的。

图表51　对10—12岁儿童进行的三项测试的结果

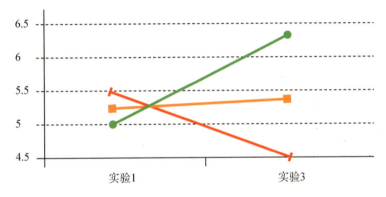

在这项研究中,那些因为智力而受到表扬的孩子在第三次测试中得分更差,而那些因为努力而受到表扬的孩子表现得更好。

如图表51所示:

● 被表扬聪明的孩子在第三次考试中的成绩比第一次考试的成绩差。

● 因努力学习而受到表扬的孩子在第三次考试中比第一次考试成绩更好。

● 随着时间的推移,对照组的孩子表现稍好,可能是因为他们已经习惯了参加测试。

现在试试这个

　　和你的同事讨论图表 51 所示的结果。想一想为什么那些因聪明而被表扬的儿童在第一次测试中表现出色而在第三次测试中表现更差；那些因努力学习被表扬的儿童在第一次测试中表现出色并在第三次测试中表现更好。

解释这些发现的一些方式包括：

当儿童在第一次考试中表现好后因聪明被表扬，然后在第二次考试中表现糟糕时，他们开始认为自己不再那么聪明了。当他们开始第三次测试时，就出现了信心危机。

　　当我们用智力来解释成功时，儿童很可能会认为失败是因为缺乏智力。

当儿童在第一次考试中表现好后因努力学习被表扬，而在第二次考试中表现糟糕时，他们开始认为自己下一次需要更加努力。这使得他们在开始第三次测试时决心更加坚定。

　　如果我们用正确的行为来解释成功，那么儿童很可能会认为失败是由于错误的行为。

如果一个孩子成功是因为他很聪明，那么当他失败时，又是因为什么呢？他很可能认为是因为他不够聪明。

如果一个孩子因为努力而成功，那么当她失败时，又能告诉她什么呢？这种情况就意味着她需要更加努力。

许多人认为聪明的人不需要和难题作斗争。所以，当那些被表扬聪明的儿童在第二次考试中表现不佳时，他们就会开始认为自己显然不太聪明。

许多人认为成功来自努力。所以,当那些因努力学习而受到表扬的儿童在第二次考试中表现不佳时,他们就会开始认为自己需要更加努力。

那些认为自己聪明的儿童认为这些测试是愚蠢的,他们不需要证明自己。他们也更可能怀疑这些测试是为了使他们退出测试而设计的"把戏"。

也许最重要的因素是对结果的控制或缺乏控制。当那些在第一次测试后被表扬聪明的儿童被告知他们在第二次考试中成绩不好时,他们一定在想:"我该怎么办? 我不能让自己变得更聪明。"那些在第一次考试后被表扬努力学习的人被告知他们在第二次考试中成绩不好,他们一定在想:"我可以改变这种状况,我现在可以投入更多的精力。"换言之,第二组儿童认为他们可以通过自己的努力来影响结果,而第一组儿童感到相对无能为力,无法产生新的结果。这些不同程度的效力通常被称为"自我效能感",我们将在章节 6.6 中进行更深入的探讨。

> 重要的区别在于,儿童知道可以更容易地改变自己的行为,而不是改变智力水平。

> 换言之,表扬智力会妨害控制力,而表扬行为会让儿童获得控制权。

测试状况说明:

在实验结束时的报告中,所有儿童都被告知第二组问题中包含了难度增加的问题,这些问题被认为适合年龄较大的七年级学生。事实上,他们被告知即使仅仅回答出其中一个难题,对他们所在年级水平的学生来说也是相当大的成就。因此,他们确信他们的任务表现总体上是高质量的。实验采取了大量的保护措施,以确保所有儿童离开实验环境时都为自己的表现感到自豪。

(穆勒和德韦克,1998,第 36 页)

6.6　表扬的方式

表扬更有可能让儿童进入成长型的思维方式,关键在于注重行为而不是个体。换句话说,要表扬儿童所做的,而不是表扬他们自身。这意味着:

不合适的表扬	合适的表扬
聪明的女孩	多聪明的办法啊
好孩子	那是一件好事
你是最棒的	你一直在变得更好
你是一个有天赋的人	你发展了一个很好的才能
出色的读者	出色的阅读

> 德韦克传达的信息很明确:不要表扬孩子,而要表扬他们的行为。

注意在最后一个例子中,我们建议的是"出色的阅读"而不是"出色的读者"。换句话说,我们鼓励你使用动词而不是名词。示例包括:

出色的"跑步"而不是出色的"跑步者"。

她喜欢"有创造力",而不是她"很有创造力"。

精彩的"写作",而不是了不起的"作家"。

"展示"自信,而不是自信。

对一些人来说,这似乎是不必要的挑剔。我们不是这个意思。只是我们大多数从事儿童工作的人已经知道批评儿童时应该避免什么样的理论。我们知道我们不应该说"你是个淘气的孩子"。相反,我们应该说,"这是一件很淘气的事"。表扬也是如此:与其表扬儿童,不如表扬他们的行为。虽然短期内可能感觉不到特别重要,但从长期来看,表扬行为更有可能让儿童进入成长型的思维,让他们对自己所做事情的结果有一种掌控感。

詹姆斯:顺便说一句,请不要像我第一次读德韦克的作品时那样回答:我不想再表扬和我一起打交道的儿童了,因为我怕弄错了!那是多么典型的固定型的思维方式啊!我心想,既然我曾经对我打交道的每一个儿童都犯了一个错误，称呼他们为聪明、有才华的小天才，那么我就应该放弃白天的工作，回到养猪场工作！显然，这不是德韦克的建议。相反，她的研究并不是建议我们停止表扬，而是建议我们将我们的表扬转向儿童的行为。就这么简单。

这很简单但也很难办到。停止说"好女孩"和"聪明的男孩"听起来很容易，不是吗？但事实并非如此，即使是现在，我们（作者）每天都会听到自己对两个女儿说"好女孩"，对儿子说"好小伙"。但当我们已经说的时候，我们如何能收回呢？我们不能说，"不，我不是那个意思：你不好！"所以，唯一的办法就是对任何"智力型的表扬"做跟进，例如说完"聪明的女孩"后在其中加入包含过程的信息，"因为你帮助了你的弟弟……你尽最大的努力把它做好了……你是个好女孩"。

另外，请注意，德韦克建议"表扬过程"而不是"表扬努力"。当然，努力是重要的，但它只是过程的一部分。成功还来自决心、策略、动力、运气、良好的指导、进步等。我们都知道一些儿童比其他人付出了更多的努力，但仍然没有取得优异成绩。同样，对于一些其他儿童来说，一些新技能似乎很容易获得，所以不要只强调努力，还要把注意力集中在取得进步的整个过程中。

现在试试这个

回顾第一章和章节 2.1 和章节 2.2，看看其中推荐的内容与你现在所知道的与成长型思维方式相关的态度和行为之间有多少联系。

6.7　其他培养成长型思维的方法

其他帮助幼儿养成成长型思维方式的建议包括以下几点。

示范成长型思维方式

向孩子展示你的成长型思维方式。谈谈你正在取得的进步，你付出的努力，你提高的决心，你正在克服的障碍，你是如何激励自己学习更多的等。即使你没有成长型思维方式，也要这么做！如果需要的话就假装。当你心情不好的时候，你尽量不要让它影响到你和你打交道的儿童；思维方式也是一样。如果你对某件事有固定型思维方式，那就对你的孩子隐瞒吧！

即使你自己没有成长型思维方式，也要假装你有！这将极大地帮助你的孩子。

建立一个成长型思维方式的环境

看看你的学习环境传递给你孩子的信息。是不是说：探索、挑战、参与、尝试？还是说要安全、小心、做你能做的、满意？前者鼓励一种成长型思维方式；后者传递的则是固定型思维方式信息。

你得到了你所看重的

去年，我们欢迎丹麦一批关注早期教育的领导人来诺森伯兰参观我们的一些托儿所。他们许多人谈到一切都组织得多么井井有条，儿童多么听从成人，儿童表现得多好。你可以想象，东道主的职员们听到这个消息非常高兴。他们也有点惊讶，因为和几乎所有人一样，他们认为自己孩子的行为还有很多不足之处！

然而，这也让我们怀疑，孩子们的"积极"行为是否来自成年人对遵守规则的重视而不是探索，是否来自重视儿童按照他们所说的去做而不是培养儿童的独立性，是否来自重视正确的答案而不是巧妙的问题！我们并不是说这是必然的情况，但我们说的是"我们得到了我们所看重的"，因此我们要问你：你看重什么？

创新教学方法

我们已经记不清这样的场景发生了多少次了，一位领导带我们参观他们的托儿所，在参观期间，我们指出了一些"生来就要从事儿童工作"的员工。他们还指出了一两个他们希望退休或很快离开的人！这些评论给人的印象是，要么你有教学的诀窍，要么你没有，这是一个典型的固定型思维方式。相反，成长型思维方式的方法是假设我们都可以改进我们的教学法，无论我们目前在我们的学习历程中处于什么位置。那些已经在帮助幼儿成长方面发展出了非凡才能的人仍然可以进步；那些与儿童相处不太自在的人，在适当的支持和鼓励下，可以开始学习提高的策略。我们的教学是一个连续体，我们都可以沿着它前进。

"还"的力量

詹姆斯：2014 年 11 月，我很高兴安排卡罗尔·德韦克在瑞典诺尔雪平为 TED.com 网站做演讲。截至发稿时，这段 10 分钟演讲的录像已被收看 550 万次。说真的，我向你们保证，我对于他们在网上发布视频之前删掉了我的介绍一点也不介意。

卡罗尔·德韦克的 TED 演讲很值得一看。可在 www. TED.com 获取。

那天晚上德韦克演讲的题目是"'还'的力量"。我注意到它在网上已经被改成了"相信你可以改进的力量"，对此我感到遗憾，因为它远没有原来标题那么吸引人或强大。尽管如此，我还是鼓励您在以下网址观看：www.ted.com/talks/carol_dweck_the_power_of_believing_that_you_can_improve.

在这段视频中，德韦克非常清楚地指出，"还"对态度有着重要的影响。她建议我们不要说"我做不到"，而是说"我还不能这样做"。"还"改变了可能性。"我还不会弹吉他"意味着如果我投入适当的精力、时间和奉献，我可以弹吉他。说"我不会弹吉他"听起来是不可改变的。

所以，当儿童说"我做不到"时，我们建议你说"还没有"。这也有一个额外的好处，即承认当前的现实，也给人一种可能性的感觉。这与通常的回答"是的，你可以"相比较——虽然说"是的，你可以"也不错，但通常情况下，尤其是在自卑的情况下，儿童会认为（a）这个成年人在对我撒谎，或者

(b)这个成年人不明白我在经历什么。有些儿童甚至会试图证明他们做不到！

因此，在大多数情况下，与其说"是的，你可以"，不如说"不，你暂时还不能"，因为这反映了儿童当前的现实情况，然后增加了一种提高的机会感。

避免标记

詹姆斯：我最近注意到数学课上一个坐在后面的青少年，他在上课时疯狂地挥舞着双臂，而其他学生都在全神贯注地听老师讲课。整节课都是这样。后来，我问老师这是否正常，她颇为自豪地回答说："达米安（Damian）是一个动觉型的学习者——当他动起来的时候，他会学得更好。"

这简直是胡扯！这个男孩没有身体疾病：他只是被告知他是一个动觉型的学习者，他就对此表示同意，因为这听起来很有趣。他的老师让学生完成一份学习风格问卷调查，然后得出结论：一些学生是视觉型的学习者，另一些学生是听觉型的学习者，其余的是动觉型的学习者。她接着说，视觉型的学习者必须看到写下来的东西才能学得好，听觉型的学习者必须听到一些东西，而动觉型的学习者的东西——好吧，他们必须跳博普舞和跟着音乐跳舞来学习！

别误会我：我同意我们都有偏好。如果我看到一些事情被写下来，我会记得更好，但我也不是不能通过听来学习，除了我的妻子向你们告状的部分。

然而，这里也存在一个问题：很多人似乎相信他们总是擅长某些事情，因此永远不会擅长其他事情，以至于他们倾向于回避自己"天生"不擅长的事情。例如，一个父亲有多少次会说："别问我，我从来就不擅长拼写——去问问你妈妈吧！"这对孩子意味着："啊哈，所以我有一个不会拼写的基因：我有一个呆头呆脑的父亲。没有必要尝试，因为我总是拼写不好。"

多元智力（Gardner, 1983）常常是以一个固定的思维看待的，通过成长型的思维来看待才是它能发挥作用的唯一方式。

　　霍华德·加德纳(Howard Gardner)2009 年在吉隆坡的一次会议上探讨了这一主题。他在主题演讲开始时说,他希望老师们从来没有了解过他的多元智力理论,因为他们中的很多人都痴迷于给孩子们分层。这是他为有 1000 多名教师参加的演讲准备的开场白!

　　加德纳的多元智力理论提出,与通常经由智商测试衡量的一种形式的一般智力不同,加德纳认为可能有多达 8 种智能(如果包括他最近考虑的存在主义/精神智力,则为 9 种):

　　1. 空间(视觉能力)

　　2. 语言(语言技能)

　　3. 逻辑数学(抽象/逻辑思维)

　　4. 身体运动(灵巧)

　　5. 人际关系(理解他人)

　　6. 内省(自我意识)

　　7. 音乐(对音高、节奏、音色的敏感度)

　　8. 自然(对自然的敏感性)

　　尽管人们对加德纳理论的反应褒贬不一,但世界各地的学校仍在使用(和滥用)。作为对更广泛的课堂活动的启发,该理论有许多好处。然而,像我们的朋友在学习风格问卷调查中那样使用它是没有意义的。

　　根据星座给孩子们设定任务是不可容忍的:对摩羯座有严格的指导方针,对射手座的人没有规矩,对害羞的双鱼座则提供很多安静的活动。因此,我们不禁要问,为什么有些老师会根据 8 种多元智力中哪一种得分最高来设置任务。

　　学校之外的成年人也难逃这种愚蠢的行为。在教育环境中,你听过多少次类似的话?

　　孩子:我讨厌看书。我做不到。

　　成年人:但你很有绘画天赋。

　　(这有可能暗示:"我同意你不擅长阅读,但别担心,你擅长艺术。")

　　成人:你为什么不能像你姐姐那样?

　　(以上话语所传达的信息可能是:你姐姐有你没有的天赋或态度,而且你可能永远也不会有。)

成人:她哥哥是家里最聪明的一个,她更善于交际。

(这是有问题的,因为有可能有给孩子下定义的风险,即预先确定每个孩子将擅长的技能,并且确信孩子将会总是为之奋斗。)

所有这些示例注释的问题在于,它们暗示了技能和才能是固定的。说"不在乎一件事,因为用另一件事你会更成功",这意味着每个人都应该忽视自己的弱点,专注于自己的长处。对求职者来说,这也许是明智的建议,但幼儿教育不是关于分类和定义的,而是关于探索、成长、学习和在童年的各个领域蓬勃发展,不是吗?

6.8　自我效能感

自我效能感是一个人相信自己有能力"影响"或带来新的结果。斯坦福大学心理学家阿尔伯特·班杜拉(Albert Bandura)(1977)提出了这个词,作为"自尊"这个更广泛使用的术语的替代品。后者与一个人如何"尊敬"或喜欢"自我"有关,而自我效能感的概念更多地与一个人的能力和影响力有关。在我看来,这正是自我效能感成为更重要的品质的原因(尽管两者都会更好!)。

> 自我效能感是衡量一个人相信自己能"影响"一个新结果的程度。一个人的自我效能感越强,他就越相信自己有影响力。

在她关于教师效能的元分析中,雷切尔·厄尔斯(Rachel Eells)总结了阿尔伯特·班杜拉(1977—2000)的各种工作,指出:效能感不仅仅涉及积极的思考或乐观。它与机构结构(使事情发生的能力)和行动(2011,第5页)有关。

对自己的外表感到舒适,但在面对挑战时却是失败主义者的儿童,可以说是自尊高、自我效能低。事实上,正是这些儿童最容易耸耸肩,说些

"我不在乎"的话。在某些情况下,这听起来可能是合理的,但当它实际上来自对失败的恐惧而不是真正的漠不关心时,会发生什么呢? 如果耸肩是一种防御机制,而不是一种满足感的表现呢? 这就是自我效能感的来源。如果我们帮助我们的孩子发展他们的自我效能感,那么他们将更有可能从一个有能力的立场而不是厌恶的立场作出决定。如果他们愿意的话,知道他们处于"影响"或创造一个新结果的位置,比因为预感或恐惧而避免新的经历要好。

> 与低自我效能感相关的信念和行为与固定型的思维方式
> 非常相似。而那些自我效能感高的人则与成长型思维方式的
> 人的行为相近。

图表 52 总结了低自我效能和高自我效能之间的差异。

图表 52 比较低自我效能感和高自我效能感

自我效能感低的人往往:	自我效能感高的人往往:
思想僵化	思维灵活
害怕新的和不熟悉的情况	热衷于体验新情况
警惕变化	乐于改变
警惕他人	与他人合作
渴望证明自己	渴望表达自己
对熟悉的人安心	因挑战而兴奋
对自己说的话闪烁其词	说实话
更可能放弃	更坚持不懈
容易受挫	宽容
缺乏应对能力	恢复得更快

顺便说一句,请注意低自我效能感的特征与固定型思维方式相关的行

为有多么相似：两者都对改变持谨慎态度；两者似乎都更愿意证明自己，而不是改善自己；两者都更可能因挑战而受挫。

现在比较一下自我效能感高的人和成长型思维方式的人在行为上的相似性。这包括有更好的应对策略；对新情况和变化保持开放；选择成长和表达，而不是安全行事或向他人炫耀。

此外，看看与高自我效能感相关的行为、成长型思维方式以及当你的孩子走上更具挑战性的道路时，他们将培养出的特质：韧性、决心、好奇心、对挑战更加开放，等等。再次，这些联系是明确的：为了让我们的孩子养成积极的学习态度，我们需要他们发展出高自我效能感。正如约翰·海蒂（John Hattie）在其开创性著作《可视化学习》（*Visible Learning*）中所说：

在学习上投资的意愿、获得学习者的声誉以及对经验的开放，是与成就相关的关键性格因素。

（2009 年，第 47 页）

6.9　章节总结

本章主要包括以下几点：

1. 进步是学习的同义词，因此，我们应该尽我们所能关注儿童的进步，而不是关注他们已经能做的事情。

2. 进步可以用多种方式表现出来，包括日记、思考日志、阅读进步树和计算能力的进步箭头。

3. SOLO 分层法是一个思考学习进展的非常有用的方法。SOLO 代表观察到的学习结果的结构，由约翰·比格斯和凯文·科利斯（John Biggs 和 Kevin Collis）在 1982 年首次提出。

4. SOLO 分层法有助于描述儿童从表层知识到深层理解的过程。

5. SOLO 分层法将章节 2.3—2.7 中分享的学习挑战逐级联系起来。

6. 帮助儿童养成成长型思维方式将有助于他们茁壮成长。

7. 当人们相信智力和才能是成长和发展的,而不是拥有或不具备的先天素质时,他们就处于成长型思维方式的影响下。

8. 表扬一名儿童本身更有可能让儿童进入一种固定型的思维方式,而表扬他们所作所为更有可能让他们进入成长型思维方式。

9. 自我效能感在我们孩子的生活中起着非常重要的作用。

第七章　反馈与学习目标

没有人会询问如何去激励一个孩子。除非总是受到外界的约束，
不然孩子总是自然地探索能够拿到的东西。
（当长大成人时）这种倾向不是消失了，而是被摧毁了。

斯金纳(B. F. Skinner)，1948，《瓦尔登第二》(*Walden Two*)

7.0　反馈的影响

正确使用并反馈可以显著提高学习的质量。众多学者(Hattie，Biggs
和 Purdie，1996；Black 和 Wiliam，1998；Hattie 和 Jaeger，1998)的元分析
都论证了反馈是影响学习的重要因素之一。

反馈在学习中经常被认为是一个重要的因素。

戴·豪斯(Dai Housell)注意到：

研究人员和实践者们早就不约而同地认识到：反馈在正式或非正式的
学习和发展中都起着决定性的作用。当我们清楚地知道自己做得怎么样，
还可能需要做些什么来改进的时候，我们学得更快、更有效率。(2003，
第 67 页)

在 20 世纪 90 年代的英国，最受教师和辅助人员关注的书之一是布莱
克(Black)和威廉(Wiliam)(1990)所写的《量化投资》(*Inside the Black
Box*)。在这本薄薄的书中，作者总结了超过 250 项研究，主张对学习进行
评估(Assessment for learning，AFT)，因为比起其他的教育投资，AFT 可
以更多地提升学习成果。(第 314 页)

听起来很不错，是不是？

然而反馈并不是没有缺陷的。阿夫拉姆·克鲁格（Avraham Kluger）和安杰洛·德尼西（Angelo DeNisi）(1996)核查了131项研究，涉及早教机构、学校、课外俱乐部的12 652名被试。他们在32％的个案中发现了负面影响。其中足足有1/3的研究显示，学习者因为收到反馈而进步较小。

> 对于1/3的案例来说，反馈对于学习起到了负面的影响。

不过反馈有负面评价这件事真的那么令人惊讶吗？想象一下，当你还是一个孩子的时候，你为父母精心准备了一样礼物，也许是你想送给他们的一张生日贺卡或是一张特别的照片。你小心翼翼地制作，使它尽可能可爱。当你把东西交给父母时，你是十分激动和骄傲的。但是他们……他们却指出了你拼写上的错误。

克鲁格和德尼西发现，如果反馈主要关注的是孩子们做错了什么，或是关于他们不能理解的复杂任务，或是因为他们不能完成复杂任务而感到自尊受到威胁；这时候反馈就会对他们的学习产生负面影响。除此之外，克鲁格和德尼西还发现许多类型的反馈对学习几乎没有影响，包括对成绩的赞美以及外部奖励。

> 如果反馈关注儿童做错的事情，或者是让他们感到无力改进；这些往往会对学习产生负面影响。

现在试试这个

与你的同事讨论在他们的生命中有收到过哪些起到负面作用的反馈。这些反馈的共同特征是什么？比如有些反馈事先并未告知会有，或是反馈给人一种控制的感觉而不是鼓励的感觉。然后讨论如何避免对孩子进行这种类型的反馈。

7.1　什么是反馈？

反馈是一种信息（正式或非正式，口头或非口头，书面或口述），可以帮助改进接收者的下一步行动。

> 反馈是一种能帮助改善下一步行动的信息。

当人们在说笑话时，他们在期待反馈；当一个孩子向某人寻求建议时，他在等待反馈；如果某人碰到了很烫的东西，他会得到疼痛的反馈；当两个麦克风都放大声音时，啸叫的声音就是反馈。

虽然这些例子在正式程度上有差异，但是它们都激起了回应。开玩笑的人说了另一个有趣的故事；孩子调整了他们计划做的事情；不小心被烫的人把手从火上移开了；音乐家们尽可能快速地分开了麦克风。

> 反馈无处不在。点头、眨眼、打哈欠、手指或者咳嗽都可以被看作一种反馈。

反馈可以有很多来源：其他人、书籍、游戏、体验和自己。孩子可以给其他孩子提供替代的策略；一本书可以提供理清观点的信息；父母可以提供鼓励和支持；有些人还可以评估自己的成功。

温恩（Winne）和巴特勒（Butler）（1994）在《国际教育百科全书》（*International Encyclopaedia of Education*）一书中提供了一个很好的总结：

反馈是一种信息，学习者可以用来确认、添加、重写、调整或是重新建构记忆中的信息。无论记忆中的信息是否为显性知识、元认知知识、关于自己或任务的信念，或是认知战术及策略。（第5740页）

反馈不仅仅是回顾过去，也包括展望未来和思考下一步可能的行动。有些人喜欢用"前馈（feed-forward）"这个词。这里的问题就在于反馈不仅包括展望，但是反馈应该包括展望，事实上也是包括展望的。如果想让反馈像研究一样能够对学习产生巨大有效的影响，这个反馈必须包括前瞻和回顾两个部分。

反馈需要能够帮助孩子回答以下三个问题：

1. 我尝试想要达到的是什么？
2. 至今为止，我取得了哪些进步？
3. 接下来我应该做什么？

现在试试这个

试着问问孩子这三个反馈相关问题的简单版本。类似于："你在学些什么？……你做得怎么样？……你下一步打算做什么？"考虑一下孩子会选择如何回答这些问题，想一想你应该如何给他们提供支持，帮助他们在未来能更完善地回答这些问题。

7.2　反馈与表扬

表扬和反馈并不是一回事。反馈回答所有的三个问题。与此不同，表扬倾向于仅仅关注至今为止孩子取得了哪些成就。

表扬和反馈并不是一回事。事实上表扬会降低反馈的有

效性。

在爱德华·德西(Edward Deci)、理查德·科斯纳(Richard Koestner)和理查德·瑞恩(Richard Ryan)(2001)关于反馈对动机的影响的元分析中,他们发现外部奖励和学习之间存在负相关(−0.34)。同时他们也发现奖励损害了内部动机,特别是孩子感兴趣的任务上(−0.68),尽管他们也发现在鼓励孩子参与他们不感兴趣的任务上反馈有一定积极作用(0.18)。换句话说,外在奖励像是小零食或是行为表格上的星星仅仅是在任务不感兴趣时有效。如果你孩子参加的活动足够有吸引力,活动本身就是他们的奖励了。

这并不是说表扬是一件不好的事。表扬可能会使你的孩子自信心增强,愿意去尝试一个任务或是坚持更长的时间。它也可能会传递出结果更好的感觉。当给予表扬时,你可能同时扮演着不同的身份,指导者、值得信任的成人、引导者、鼓励者、合作探究者、领导、良师、裁判、健康和安全工作人员、代理父母。所以讨论表扬是好还是坏,可能过于简单。而是,我们现在可以说表扬并不总是好的。我们应该把反馈和表扬分开来说。在表扬的时候我们要关注行动,而不是仅仅表扬孩子(具体内容详见章节 6.5 和 6.6 所讨论的)。

> 这并不是说表扬是一件坏事, 而是说表扬和反馈应该被分开来说。

7.3　学习目标与反馈

学习目标是为了给学习者提供指导,并引导反馈的产生,以便能够取得更多的进步。

> 学习目标和反馈应该齐头并进。

学习目标和成功标准不应该被简单地看作是一套需要遵循的指令,也绝对不是一种控制学习内容的方式。世界上有太多的学校错误地在课程开始前就展示学习目标和成功标准,以后也许除了最后开会的时候,就再也没有提及它们。这是一个不应该被重复的重大错误。

学习目标与成功标准对学习很有帮助。但前提是必须保持它们与反馈过程之间的直接联系。断开这种联系,学习目标就会变成是权威在设置课程,控制孩子的学习内容。

事实上,学习目标、成功标准和反馈之间的联系是相互依存的,不应该有谁或是没有谁。没有反馈,就不应该有学习目标和成功标准。没有学习目标和成功标准,就不应该有反馈。

> 没有反馈,就不应该有学习目标和成功标准。没有学习目标和成功标准,就不应该有反馈。

詹姆斯:对此我们做进一步的解释,我们两个年幼的孩子,哈利和菲比最近在玩乐高。7岁的哈利正在仔细按照说明搭建一个模型。3岁的菲比用较大的积木(Duplo bricks)去搭建有独角兽和兔子的奇幻世界。整个上午,哈利在建造模型时都在向我寻求建议。菲比则只要求我扮演一匹会说话的马(显然我还不能熟练地扮演一只羽翼丰满的独角兽)。

在享受和家人在一起的时光的同时,我也在思考反馈的时机(毕竟,我正在写这本书)。

我的结论是给哈利的反馈要比给菲比的简单。不是因为他的年龄,而是因为他有明确的目标(搭建盒子上展示的模型)。菲比的目标则是不固定的。反馈的目的也不一定是使活动越来越好,也可能是使得活动变得不同。

哈利有一个清晰的目标。这意味着我们可以确定他取得了多大的进展,以及他下一步能做什么。我们能够回答章节7.1中的关于反馈的三个关键问题。另一方面,菲比则作为"编剧"、"导演"和"制片人"创造了一个充满挑战的奇幻世界。她尝试去达成的目标并不明确,因此我不知道她取得了多大的进步，或者她下一步能做什么。当然，这并没有降低活动的价值。

有些人甚至会争辩，认为需要更多创造和语言的活动比起按图搭建是更好的学习活动。但我个人更倾向于认为它们是不同的活动，而不是更好。

当哈利完成了他的模型，开始寻找其他的事情做时，我建议他们一起玩。菲比不确定哈利是否能很好地当一匹马，也不考虑让他当独角兽。所以我们开始思考替代的选择。在几个提议被驳回之后，他们决定进行一场搭建比赛。他们中的一个人用积木搭建一个事物，另一个人尝试仿搭。

菲比先开始，使用 4 块积木搭建了一个农舍（当然是为她的独角兽准备的）。哈利仿搭这个建筑，并且一次就搭对了。

哈利使用交替颜色的积木搭建了一个塔：红色积木、白色积木、红色积木、白色积木，以此类推。菲比搭出了相似的结构。然而并不是完全相同：她使用了随机的颜色，还有一块积木比哈利的短了一截。

现在就有了反馈的机会，因为这是一个明确的目标，因此我们可以从回答反馈的三个问题开始。我们认为菲比可以把积木搭得和他哥哥一模一样。这意味着我们需要思考到目前为止，她已经做到了什么，她下一步应该做什么。游戏继续：孩子们在搭建时都提升了复杂度，避免仿搭过于容易。甚至我也加入了游戏，我天真地想要尝试搭一个独角兽，这样就可以打败其他的参与者了。

有趣的是，比起菲比原来奇幻的游戏，她在这个"仿搭"的游戏中表现出更多的成就感。这并不是说她更享受这个游戏，而仅仅是更有成就感。

现在试试这个

更好地理解这一点，请尝试以下的活动。这个活动我经常用在会议做主题演讲中。最开始我会请参会代表画一栋房子。我会给大家 45 秒钟的时间。你自己为什么不试一试呢？

7.3.1 画一栋房子!

45 秒后我要求参会代表互相对所画的房子提反馈意见。

如果你要给自己的房子提反馈意见,你会说什么? 在这里写下你的意见。

7.3.2 总结关于你房子的反馈意见!

你给自己的房子提一些反馈(或是让你的朋友给你一些反馈)。

7.3.3 完善你的房子!

使用你给自己提的好的反馈,立即完善你的房子! 在 20 秒之内开始做这件事。如果你有一支不同颜色的笔,用它来做修改。当你以后回过头来看本页的时候,它可以帮助你记录改善的内容。

现在开始按照你的反馈来完善你的房子。

7.3.4　回顾画房子的经验

来看看你对自己房子的反馈。它们有用吗？你的绘画质量是否因为你的反馈得到了改善。如果你的反馈是高质量的，你的绘画当然应该有所完善。

但我们打赌你的反馈质量不高。因此，我们打赌你的房子并没有因为你的反馈得到完善。

请不要感觉到被冒犯！我们并不是说你不能给出高质量的反馈。我们只是说在这个特定任务中，你不能给出高质量的反馈。

因为我们没有给出其他指示，而仅仅是要求"画一栋房子"，我们妨碍了你形成高质量的反馈。在这个特定任务中，我们没有说明是哪种类型的房子，或是这个房子需要哪些特征。当然在某种程度上，这会让事情对你来说变得更容易。这意味着你可以画任何房子，并对它感到满意。

> 因为任务并没有详尽的说明，成功的标准并不清晰，所以你很难给自己提出有用的反馈。你所知道的就是去画一座房子。

然而，这也使事情变得更困难，因为它妨碍了你产生有用的反馈。在没有明确的成功标准的情况下，你会用括号内的文字来回答反馈的三个关键问题（见章节 7.1）。

1. 我尝试想要达到的是什么？（我正在画一栋房子！）
2. 至今为止，我取得了哪些进步？（这是我的房子。）
3. 接下来我应该做什么？（画完这个房子。）

把这个和另一个情景进行对比，我们设置了这样的绘画要求：

我们想画一栋房子。需要包括以下特征：

- 有四到六扇窗子（其中至少有一扇窗子是开着的）
- 有一个前门

- 有地方寄邮件
- 有倾斜的房顶
- 有生活的气息

现在想一想你可以给你完成的初始绘画提出哪些反馈？它可能更像以下示例中括号内的答案。

1. 我尝试想要达到的是什么？（我正在画一栋房子。它会有五扇窗户、一个前门、一个邮箱、一个倾斜的房顶，并且它有生活的气息。）

2. 至今为止，我取得了哪些进步？（我画了一扇窗户、一扇门、一个邮箱和一个屋顶。）

3. 接下来我应该做什么？（我需要添加一些生活的气息。我想可能是一只猫在窗边，花园里有一个狗屋，在室外有一些儿童的玩具。）

> 清晰的学习意图和成功标准，可以帮助我们形成有效的反馈。

比较第一个例子和第二个例子对应括号内的答案的差异。这就是为什么我们要说当你的孩子不知道（学习）目标时，不要给他们反馈。尽一切办法鼓励他们，并参与到他们中，但不要给他们反馈，除非你们一开始就达成了共同的目标。

7.3.5　这样做并不扼杀创造力

当我们在会议上使用这类例子时，有些人担心这样做对创造力的影响。他们开始怀疑我们是否倡导"按照一定数量进行绘画"的方式来学习。我们会立即回答：不是，我们并不想要扼杀创造力。

在活动之前确定学习目标和成功标准，并不会降低创造力。事实上，如果有技能的引入，它可以启发创造力。

为了缓解焦虑，我们通过以下方式来说明任务：

我想让你画一栋房子。可以是任何形状、任何大小、任何风格的建筑。你可以选择任何类型的居所，可以是巨人的城堡、也可以是霍比特人的洞穴、海边的双层小楼。今天我们所要寻找的房子包括以下这些特征：有四到六扇窗子（可以是任何形状，任何大小，在任意位置），有一个前门（不一定要在一楼），有地方寄邮件（不一定非得是前门的信箱，也许可以是屋顶上的一个洞，方便巨人邮递员投递信件），有倾斜的房顶和生活的气息。这些并不是一栋房子的唯一特色，你也肯定不会在每栋房子上都看到它们。但它们正是我们今天所要寻找的。更重要的是，它们是我希望你在完成绘画后互相给予反馈时所寻找的特征。

　　以这种方式介绍任务，可以明确目标，让你更有可能为自己和他人提供有用的反馈。同时它也不会妨碍想象力和个人特点。

7.4　时机（Timing）

　　反馈应该是孩子学习过程的一部分。如果它在学习结束的时候才被提出，它就不会起到很好的作用。想想教一个孩子骑自行车：我们谁也不会等到他们骑完，才告诉他们怎样能骑得更好。我们会立即给予反馈。我们会观察他们最开始骑得怎么样，我们会给予如何改进的建议，这样他们可以立即检验建议的有效性。换句话来说。我们应该在活动中回答反馈的三个问题，而不是等到活动结束的时候。

> 反馈应该是孩子学习过程的一部分。如果它在学习结束的时候才被提出，它就不会起到很好的作用。

　　当然，这似乎是老生常谈的东西，但在实际中却并不常见。想想在学校里有多少孩子是在他们完成工作之后，才从老师那里得到反馈的。他们被要求写一个故事、画一幅画或是完成一些小组活动，在这之后，他们的老师告诉他们如何能做得更好，这个时候孩子们往往只能回忆起自己做过什么了。是不是很抓狂？这就是为什么我们创建了反馈成功的七个步骤。它告诉我们，反馈应该在第五步，而不是在第七步。更多信息见章节 7.7。

7.5 坐在你的孩子旁边

英语单词"assessment(评估)"来源于拉丁语词语"assidere",本意是"坐在旁边"。"坐在旁边"的反馈形式是鼓励孩子参与反馈过程的最好方式。它让反馈变得更有协作性和建设性。坐在孩子旁边(无论是字面上还是精神上),你应该能够更好地理解到目前为止他们所做的事情和原因,以及他们可能会做什么来改进。也许更重要的是,"坐在旁边"也能帮助和鼓励你的孩子思考独立思考反馈的三大问题,而不是依靠你填鸭式地给与建议。

> "assessment(评估)"来源于拉丁语词语"assidere",
> 本意是"坐在旁边"。

坐在孩子旁边时,我们可能会问我们自己和孩子以下这些问题:

1. 他们明白自己想要达到的目标吗?

这通常包括找出:

- 他们认为学习目标是什么?
- 这个学习目标看起来有趣吗?
- 他们认为需要采取哪些步骤才能达成他们的学习目标?
- 哪些步骤将是最具挑战性的?
- 有没有他们认为太容易的步骤?

> 坐在孩子旁边时会问的问题包括:
> 1. 他们想要做什么?
> 2. 他们认为到目前为止自己做得如何?
> 3. 他们下一步能做些什么让事情变得更好?

2. 他们认为自己已经取得了多大的进步?

了解孩子对以下内容的看法是很好的:

- 到目前为止,他们认为自己已经取得了多大的进步?

- 他们目前离自己的学习目标还有"多远"？
- 他们对已经采取行动的满意度如何？
- 是否有一些他们认为自己忽视的步骤？
- 还有什么是他们打算做但还没有做的？

3. 他们下一步能做什么？

以下问题应该能帮助孩子确定他们下一步可能会做什么：

- 你还能做什么来让它变得更好？
- 你已经做过的事情，还能做得更好吗？
- 别人做了什么，你也可以从现在开始做吗？
- 到目前为止，你觉得自己有多努力？
- 你能做些什么让任务更有趣/有意思/有挑战？

关于这些问题需要注意的点

"education（教育）"来自拉丁词语"educere"，意思是"引出"。这很好地贴合了这些问题，在"坐在孩子旁边"的过程中，引出他们的想法和理解。

问问孩子他们是怎么想的，而不是告诉他们下一步应该怎么做。随着时间的推移，就能帮助他们成为更有能力的学习者。

7.6　鼓励正确的反馈类型

到目前为止，我们讨论的所有想法只有成为积极反馈文化（culture）的一部分时，才能完美地起到作用。为了创造这种精神，我们鼓励你思考学习的以下几个方面。

7.6.1　建立安全和信任

安全和信任应该是反馈的核心。如果没有它们，在本章节中提及的特征就没有或仅有很少可能会起作用。正如艾伦·贝克（Alan E Beck，

1994)提到的：如果你不关心马斯洛的东西，你就不能理解布卢姆的
东西。

安全和信任应该是反馈的核心。

当然，我们无法控制所有损害幼儿安全和幸福的影响因素。然而，我
们可以做很多事情，我们可以利用反馈来帮助建立信任的氛围和认知上的
安全。这些事情包括：

保持透明：确保反馈是根据明确的学习目标而来的。孩子应该知道他
们的目标是什么。反馈不应该是不受欢迎的惊吓。还记得章节 7.0 中的
故事吗？你为父母做了一张可爱的生日卡，然后他们纠正了你的拼写
错误。

保持公平：所有孩子都受益于高质量、时机恰当的反馈。试着不要把
你的注意力过多地集中在某些孩子身上，忽视了其他孩子。即使是最有能
力的孩子也能从反馈中学到很多东西。

保持友好：孩子们从喜欢的人身上能学到更多。所以请做一个可爱
的人，尊重孩子，给予孩子正强化，微笑、倾听，对他们的爱好表现出兴
趣，打招呼的时候提及孩子们的名字。换句话说，表现出你关心关爱
他们。

保持一致：事先与孩子商定学习目标，然后确保提供的反馈侧重于这
些目标。避免不一致，不要在和一些孩子提及学习目标的同时向其他孩子
提供无关的反馈。

个性化反馈：尽可能地了解孩子。他们的动机是什么？他们有多自
信？什么会让他们不开心？一旦知道了这些问题的答案，你就要据此给与
合适的反馈，这样每个孩子都能在学习和成长中获得鼓励。

反馈不是针对人的特质的：反馈应该与行动有关，而不是与人有关。
在章节 6.4—6.8 中，如果反馈是关于儿童特质的（即使这些特质是积极
的），也会对学习产生负面影响。所以反馈时一定是针对结果、行动或想
法的。

7.6.2　重构反馈作为学习的线索

太多的人认为反馈是在评价他们。这会使得反馈变得消极（至少会让人感到消极），像被蚊子咬一样不受欢迎。

如果我们能把反馈变成学习后的信息。给予和接受反馈就不会那么有威胁性了。

另一种思考方式是将反馈重新想象成用于解决谜团或实现目标时的线索。这就使得反馈的整个过程更令人向往。

> 把反馈想象成用来解决谜团或达成目标的线索，是非常有用的。

所以当你和孩子一起确定学习目标时，请尝试将它们呈现为在藏宝图上标记的 X。通过说明到达 X 的好处，给孩子创造渴望的感觉。通过理清和激发思考的问题，建立孩子对学习之旅的渴望。告诉他们你真的很期待发现他们将沿着这条道路学习。

一旦一切准备就绪；当然，这不会在一夜之间发生；那么把反馈重构成帮助孩子们学习之旅的线索就会容易得多。在这样的氛围中，孩子就会热衷于寻找下一个未知的线索。如果你提醒他们，让尽可能多的孩子接近 X，如果目标符合每个人的利益，他们应该更热衷于一起合作来揭开秘密。

当然，这听起来非常理想主义。但如果我们能朝着这个方案前进，想一想它可能对孩子的学习所产生的影响。反馈是值得期待的好事，而不会被看成必要的批评；反馈会被看成是机会出现的时候，而不是尽量想着去避免的；反馈会被看成是学习过程中获得的更多的建议，而不是在最后的评价。

7.6.3　设计获得突破性发现的时刻

当孩子们从事的活动可以引发他们获得突破性发现时，他们更有可能寻求和欢迎反馈。突破性发现时刻能让人得到启发的感觉。是孩子相信自己寻找到某些事情的时刻。

"Eureka!"来自希腊语,意为"我发现了",突破性发现的时刻,确切地说就是"我找到了。我的老师没有给我答案。我的朋友没有教我怎么做。我通过自己发现的。我理解了它。我感觉很好"。

当孩子们在寻找神秘事物或启发时,他们更有可能寻求并欢迎反馈。

突破性发现的时刻的关键,在于这种感觉仅仅在孩子经过自己努力理解某一事物的时候产生。换句话说,他们将需要通过学习坑(相关内容详见章节 2.3 和 2.5)。如果孩子不参加具有挑战性的任务,那么他们将没有机会获得突破性发现的时刻。如果成功对他们来说来得太容易,那么他们可能有完成的感觉,但是没有获得突破性发现时兴高采烈的感觉。

突破性发现的时刻感觉很棒。所以一旦孩子体验过,他们就会想一遍又一遍地重复体验。这将使孩子产生有更多参与挑战性任务的意愿,还会引发他们对反馈的兴趣。因为一旦孩子们加入了复杂的任务,他们就会很自然地想要更多反馈。通过提高挑战可以提高孩子对反馈的热情。

7.6.4　留意大脑研究

近年来,关于人们如何学习的各种理论层出不穷。神经科学激动人心的发现,认知心理学不断发展,展示了大脑思考的新方式。关于大脑如何工作的解释,其实是用计算机来做比喻的,包括处理信息,创造、存储、熟练操控数据,这些都是凭借大脑中的错综复杂、相互依赖的神经连接。

当我们承认挑战对于孩子的神经和教育发展有益处时,反馈将更有效果。

然而,我们应该注意我们是如何把当前的研究和大脑如何工作进行联系的，特别是在我们对学习提出具体的方法建议时。科学家警告说大脑是复杂的，尽管研究者得出了一些重要的发现，但对于它们如何在教育上应用并没有取得广泛共识。

尽管如此，人们似乎普遍同意以下观点：

• 有刺激和挑战的活动更容易进入网状激活系统（下脑中的一个筛选器，关注从环境中接受的新奇变化）。

• 不受威胁的经验可以帮助信息通过杏仁核情感过滤器。

• 当活动是愉快的时，大脑就会释放多巴胺（一种神经递质，能刺激记忆，促进乙酰胆碱的释放，从而提高注意力）。

如果这些早期发现是准确的，也许我们可以假设反馈将在相似的条件下起作用。也就是说，反馈会在有刺激、有挑战、没有危险的情况下发挥效果。

7.6.5　言行一致

每个参与学习的人都应该言行一致——包括成年人。常言道："孩子们的模仿力很强，要给他们好的事物来模仿。"

为了形成良好的反馈文化。我们应该和孩子们分享以下内容：

• 我们经常会犯错误。

• 我们相信错误是学习中正常的一部分。

• 我们不知道所有的答案。

• 我们期待他人的支持和指导。

• 我们欢迎反馈成为我们学习之旅的一部分。

• 我们会审视自己的错误，为了从中学到最多。

• 我们一直在努力改进我们给予、接收反馈和根据反馈采取行动的方式。

7.6.6　分享文化

反馈应该是有关孩子向确定目标发展的建设性对话。它不应该给被当作或是被理解成一种对个人的批评。

> 反馈应该是有关孩子向确定目标发展的建设性对话。它不应该给被当作或是被理解成一种对个人的批评。

为了增加这成为现实的可能性,你一定要和大家(同事、孩子及他们父母)分享你打算推崇的反馈文化类型。让每个人都参与创造和促进这个文化。帮助他们了解他们应该期待的优秀文化感觉起来、听起来、看起来是怎样的。

为了实现这个目标,你需要全方位公开反馈的全过程。这意味着需要邀请、重视和回应来自同事、管理者、孩子们和你自己的反馈。换句话说,全方位意味着关注来自你周围的每一个人的反馈。这与常见的反馈形式形成了鲜明的对比,后者主要是指管理者对雇员或成人对孩子的反馈。

请记住,反馈通常会受到主流学习文化的影响,而不仅仅是给予和接收反馈个人之间的关系。因此,请密切关注学习文化,并确保尽你所能去建立和分享那种文化的积极的方面。

7.6.7 保证反馈的持续性

反馈应该是持续的、令人感到熟悉的、可以预期的。它不应该是让孩子感到惊讶,或是失去勇气的。所以请保证反馈的持续性!我们并不是说仅仅让你给孩子反馈,反馈也可以是他们给你的,或是他们互相之间给予反馈。

> 反馈应该是持续的、令人感到熟悉的、可以预期的。它不应该是让孩子感到惊讶,或是失去勇气的。

还要记住,常规的、不断积累的、发展的反馈,会比随机的、没有关联的反馈更有效。当反馈变得常规化时,孩子能更好地预期和回应反馈。通过不断积累,反馈可以帮助孩子在先前学习的基础上,采取更多行动向他们的学习目标前进。通过发展，反馈可以帮助孩子改进和发展他们的学习能力。

7.7   反馈成功的七个步骤

请把前面六个章节作为本章节的预热。确实在本章之前的内容都是为本章节打基础的，都是为了证实反馈成功的七个步骤。

> 确保反馈每次都有效的最好方法是遵循反馈成功的七个步骤。

在我们开始之前，我们一直有一个疑问：正如大量研究表明的那样，反馈使孩子们的进步加倍，那为什么并不是每个孩子都能在自己的学习上取得巨大的进步呢？成年人每天都在给孩子反馈，那为什么反馈的效果远没有证据显示的那么大？

是研究结果有误还是大人们没有给到孩子他们所说的那么多的反馈？或者更有可能是因为我们没有尽可能有效地利用反馈。

这就是"反馈成功的七个步骤"的由来：帮助我们所有人给出有效的反馈，使所有的孩子都能在学习上取得巨大的进步。

这里是反馈成功的七个步骤：

1. 达成一致的学习目标
2. 第一次尝试
3. 回顾
4. 改进
5. 教师反馈
6. 再次改进
7. 反思*

7.7.1　达成一致的学习目标

从达成一致的学习目标开始"反馈成功的七个步骤"。如果孩子不明白他们正在尝试做什么,反馈就不会真正起到作用。想一想在章节 7.3.1 "画一栋房子"的练习中,当你事先知道成功的标准后,你给自己或别人的反馈是不是就变得更有效了?

> 反馈成功的七个步骤应该从达成一致的学习目标开始。
> 如果没有达成一致目标,反馈可能起不到任何作用。

举例,早期学习目标包括:

我们正在学习画今天看到的物品。为了完成任务,我们需要考虑以下要点:(1)覆盖整张纸面;(2)混合颜料,所以我们在绘画中至少要使用三种颜色。

我们正在学习如何正确地洗手,记得:(1)第一步卷起我们的袖子; (2)打开水龙头,淋湿我们的双手;(3)抹上肥皂,揉搓我们的手掌和手指; (4)在水龙头下把肥皂洗干净;(5)用合适的方法把手弄干。

我们正在学习如何播种一些种子,记得:(1)在花盆中放上土;(2)把种子撒在土上;(3)小心地把种子埋入土中;(4)慢慢地给土洒上水;(5)把花盆放在窗台边,保证它能晒到太阳。

我们正在学习如何花钱,请从以下角度思考:(1)在游戏商店中买什么;(2)询问它的价格;(3)数出正确数目的钱币。

我们正在练习如何投掷:(1)看向我们要投掷到的圈圈;(2)把沙包放低抛向圈圈;(3)改变每次投掷沙包的力量,确保沙包落在圈圈里。

在这些例子中,请注意以下一些要点:

1. 学习目标需要有一些成功的标准(编号便于参考)。

2. 每个目标都应被描述为一个学习意图而不仅仅是行动。例如,"我们正在学习如何种植"而不是"我们正在种植"。

3. 我们使用了短语"记住",这是向孩子们介绍成功标准的好方法。

第八章中的活动理念部分给出了目标和成功标准的其他例子。

7.7.2　第一次尝试

当你的孩子理解了目标(学习的意图)和他们应该做什么来取得进步(成功的标准)之后,那么他们就应该准备好可以开始了。

如果孩子在学习制作某物,那么可以鼓励孩子,说他们正在创作自己的"初稿"或是"第一版",而不是说"做起来"。类似地,如果他们正在展现什么(例如一个动作技能),通过说"第一次尝试"来鼓励他们,而不是说"做起来"。这看起来差别不大,却能起到很重要的作用。

"初稿"意味着后续可以有一些修改。"第一次尝试"也同样可以得出有调整的推论。然而如果孩子说到"做他们的任务"或是"做起来",他们可能会认为:(1)如果没有做成功,他们就失败了;或是(2)一旦他们完成了,就不能有任何改动了。在这两种情景中,学习因为缺乏修订和编辑而受到了束缚。

> "初稿"意味着后续可以有一些修改。"第一次尝试"也同样可以得出有待调整的推论。

7.7.3　回顾

在孩子取得一些进展后,鼓励他们停下来,思考到目前为止他们自己做得如何。确保他们回忆起成功标准,并把自己的表现和成功标准作比较,而不是和其他人的表现作比较。因此,不要说"我比我的朋友做得好或差"。他们应该思考哪些标准已经达到,哪些标准还没有做到。

来自自己和同伴的反馈是帮助孩子理解学习过程的重要步骤。在这个阶段,要抑制住提出你的见解的冲动。鼓励(或是支持)但不要主导反馈这一阶段。让孩子发展自己独立学习的策略。

来自自己和同伴的反馈是帮助孩子理解学习过程的重要步骤。

提示孩子,如果他们使用以下的步骤,他们就能够为自己和他人提供有用的反馈:

1. 想想你正在学习什么和已经达成的步骤。举个例子,我们正在学习匹配颜色,需要把相同颜色的物品放到一起。

2. 现在把你第一次尝试的情况和这些目标进行比较。哪些标准是你已经做到的? 哪些标准是你需要改进的?

3. 根据你对这些问题的答案,思考你可以做的所有事情,确保下一次你可以更接近自己的学习目标。

总之,你要鼓励孩子回答三个反馈问题:

1. 我们在学什么?

2. 到目前为止,我们做得如何?

3. 我们下一步能做什么?

提醒孩子在给自己或是别人反馈时回答所有三个问题。

7.7.4 改进

基于他们给彼此的反馈,孩子现在可以改进他们至今为止所做的工作了。这并不意味着他们应该重做整个事情。相反,他们应该做出添加和修正。

7.7.5 教师反馈

当孩子已经完成 1—4 阶段时,就是教师或其他成人提供反馈的时候了。当然,你可能在前面的过程中已经给了很多鼓励,但阶段 5 是反馈成功七个步骤中需要成人给出正式反馈的时候。

在早期和小学教育中,有一些约定很受欢迎,比如说三个星星可以兑换一个愿望。但其中许多都建立在这样一种信念上,即孩子们需要听到很多积极的信息以应对每一个负面评论。我们希望你通过阅读这本书可以理解,反馈不应该被赋予消极的或积极的含义。当然,反馈通常是以这些术语来存在的,但这并不意味着它应该是这样的。

> 当孩子已经完成 1—4 阶段时,就到了成人提供反馈的时候了。

只要你树立正确的反馈文化,孩子(或成人)把反馈看成是信息(不分好坏),那样就可以取得进步。最好的反馈包括意见和建议,而不是少量的负面信息和大量的正面信息的混合。反馈应该是意见、意见、意见!

意见通常包含以下一些想法:可以改变什么,可以修正什么,可以放弃什么,可以添加什么或是可以取消什么。反馈应该关注任务或是活动过程,而不是关注孩子。举例来说,反馈应该是"当你扔沙包的时候,尝试使你的肘部更弯曲",而不是"你是一个好的投手,加油"。更多关于如何避免反馈针对儿童的介绍,详见章节 6.5、6.6 和 7.2。

同时,请记住,当给予反馈时,你应该更多地扮演教练的角色,较少地扮演裁判的角色(图表 53)。

图表 53　教练还是裁判?

当给孩子反馈时，把自己当作教练而不是裁判。你并不
是去给奖励或是惩罚的；你要去引导孩子、给予挑战、鼓励
和帮助他们拓展思维。

如果我们认为裁判的工作是做裁定和决定，教练的工作是支持、挑战、训练、拓展和指导；那么很明显我们在教育中承担的角色更接近于教练。当然有时我们也会是裁判，比如当我们监管一项竞赛时，但大多数时候我们应该是教练。这意味着我们期望帮助孩子取得更多进步，而不仅仅是检查他们能够做什么。

用教练来做比喻，考虑一下优秀教练可能做的事情和你作为老师可能做的事情之间的相似之处。

一个优秀的教练应该做：

1. 欢迎队伍并让队员们参加愉快的热身活动［举例来说，非体育类的热身活动可以是个脑筋急转弯或思考启迪(stimulus for thinking)］。

2. 让他们清楚地意识到本次训练的重点（确定学习目标）。

3. 征求如何能使他们达到学习目标的建议或是给队员们一系列清晰的指示（明确成功的标准）。

4. 邀请一名熟练的运动员（可能来自其他队伍）来展现技能。

5. 给队员们足够的时间去实践和尝试技能（第一次尝试）。

6. 在队员的旁边给予个别化的关注，包括鼓励和给予额外的挑战。

7. 把队员们分成小组，并要求他们就如何提高他们目前正在学习的技能相互提供反馈（自我反馈/同伴反馈）。

8. 给队员更多的时间练习（改进）。

9. 提供如何改进的专业指导。对于已经达到或超过目标的队员，提供额外的挑战或要求他们把学到的技能应用在比赛中；对于接近目标的队员，要求他们继续学习技能的最后部分；对于那些离目标很远的队员，给予他们一些指示，这样他们就会觉得这次训练并没有完全浪费，他们已经取得了一些进步。

10. 每一次的训练都以一场比赛作为结束，在比赛中所有队员都被期

待尝试他们新学习的技能（再次强调训练的内容和目的）。

把以上这些和一名优秀的裁判做对比，裁判应该做：

1. 提醒运动员公平比赛。
2. 执行游戏规则。
3. 充当计时员。
4. 处罚严重犯规行为。
5. 尽可能维持比赛顺利进行。
6. 向相关部门提供一份比赛报告。
7. 确保运动员的安全。

当然，幼儿教育与体育世界是不同的，但它们也有很多相似之处。通过分享这个有些复杂的例子，我们希望你能明白，当你把自己看成是教练，而不是裁判时，反馈会变得更有效。

有针对性地说

当你检查孩子们的作业时，请确保你所提的反馈是依据学习目标和成功标准的。不要转向孩子没有进入的领域。

> 当你检查孩子们的作业时，请确保你所提的反馈是依据
> 学习目标和成功标准的。不要转向孩子没有进入的领域。

例如，如果学习目标和成功标准是用砖建造一座塔。那么请确保孩子有五块或更多块砖，并且把它们搭起来。要避免给出其他不相关的反馈。评论孩子选择砖的颜色或是表扬一个孩子搭了最高的塔似乎是可以的，但这些对于其他孩子来说是不公平的，他们会觉得任务不是为了达成成功的标准，而是为了取悦大人。

如果这样的事情经常发生，那么孩子很可能会对反馈产生不信任。孩子会认为一些反馈是称赞，另一些反馈是批评。与此相反，如果把反馈看成是能帮助改进的、没有褒贬意义的信息则会更好（章节 7.6.2 中提及）。

7.7.6 再次改进

现在孩子应该做他们最后一次的调整和修正了。他们已经做过第一次的尝试；自己或互相给了反馈；在改进后，收到了你的建议。所以现在他们已经准备好做最后的调整了。

> 当你给孩子提供反馈后，他们应该做最后一次修正或尝试。这样就提高了反馈的有效性，可以达到研究中所说的效果。

坦白地说，很多学习者是在完成任务之后，才会得到大人们的反馈的，这令人感到很困惑。为什么会发生这种情况？这就像是马儿已经脱缰了，我们才去关马厩的门。

当然，有许多老师会这样说："下一次你碰到这样的情况时，不要忘记做……"但除非孩子比大多数的人记忆要好，否则下次遇到相似情境时，他们恐怕不会想起你的建议。

许多老师也许会问："当你告诉孩子们应该怎么做时，这种改进孩子们作业的方法是不是一种欺骗呢？"当然不是，这是把"欺骗"和"教学"弄混淆了。"但是，他们在听了你的反馈后，不是就会做得更好吗？"老师们反驳。"这不正是我们所希望的吗，否则反馈的意义到底是什么呢？"记住，我们是去做教练的，要给予学生支持、引导和鼓励，而不是去做监督和批评的。

7.7.7 反思*

在反馈成功的七个步骤中，反思这个步骤对于学龄阶段的学生来说是分级可选的。因为是根据孩子们的活动具体可调整的，所以我们在标题旁边加了个星号。

七个步骤中最后一步是鼓励孩子回顾整个学习过程。发现他们做得最好的地方，最享受的地方，学到了什么，在下一次活动时会做哪些不一样的改动。

我们在第八章每项活动的第 4 阶段中，展示了在反思过程中引导儿童的最佳方法。

7.8　反馈成功的七个步骤：一些最后的想法

以前，研究者观看教师教学是很平常的事。这其实是一种错误的强调：为什么要如此关注教学，明明学习才是重要的因素。通常情况下，教学并不会带来预期的学习，有时甚至会阻碍学习。而有些时候，最好的学习是在没有教学的情况下发生的。

幸运的是，接下来事情发生了变化。现在研究者观察学习的情况已经司空见惯了。（他们经常问孩子们三个重要的反馈问题。你在学习什么？到目前为止你做得怎么样？接下来你能做什么？）当然，学科本身也并没有发展得那么快，提到反馈时，许多人仍然关注反馈本身而不是反馈的效果。

因此，我们要清楚的是，反馈的质量不应该根据其传递的内容来判断，而应该根据学习者是否能理解，是否能使用获得最大效益来判断。

同样，教学是传递信息，学习是接收和应用信息。因此，反馈是传递信息，"成效"是接收和应用信息。所以正如我们从评判教学质量转向更多地关注学习的质量，现在我们也应该从关注反馈的质量转向关注反馈效果的质量。

为什么这么多学校坚持使用"打分政策（marking policies）"来明确如何打分和什么时候打分，这令人困惑。创建从反馈中学习的政策，检查反馈对学习者进步的影响，这样真的会更好吗？对于所有的年轻学习者来说，我们不要把重点放在监控反馈的质量上；相反，我们要想想反馈对我们年轻学习者的影响：是帮助他们建立了信心，增长了能力？还是帮助他们取得更大的进步？是促使他们愿意参与更有难度的学习？还是只是被用来作为一种纠正和控制的方式？

7.9　本章小结

本章包括以下主要观点：

1. 反馈成功的七个步骤汇聚了现有的所有最好的研究成果、理论与实践，使得反馈的有效性被放到了最大。

2. 多方研究，包括约翰·海蒂和迪伦·威廉（Dylan Wiliam）的研究，确定反馈是学习的重要影响因素，它可以使我们的孩子以常规速度的两倍取得进步。

3. 大多数成年人都在给他们的孩子提供反馈，但大多数孩子的进步并没有达到常规速度的两倍。

4. 因此成年人肯定在做一些无效的事情，而有些有效的事情则没有做。反馈成功的七个步骤旨在促进平衡状态的恢复。

5. 七个步骤的关键包括教孩子如何给予自己或他人反馈。

6. 确保反馈与达成的学习目标和成功标准一致。

7. 在孩子完成活动之前给出反馈，而不是在活动之后。

8. 确保反馈文化（culture）正确，同时正确使用七个步骤；然后你就会看到海蒂和威廉等提到的那种影响。

第八章 早期学习活动

 活动 1：什么是玩具？

 活动 2：帮助我们的人

 活动 3：姜饼人

 活动 4：泰迪为什么觉得不舒服？

 活动 5：做决定，做决定

 活动 6：形状

活动 7:童话

活动 8:做一个好的朋友

最后一章分享了一些极好的例子,使幼儿参与到可以帮助他们该如何学习的活动中。

活动 1: 什么是玩具?

幼儿经常被鼓励"去,玩你的玩具"。但是"玩具"是什么意思呢?是任何可以被玩的东西吗(比如棍子或者石头)?或者说是特定的被设计成被玩的物品(比如玩偶)。这里同样也存在安全的问题。比如,儿童可以玩锋利的物品吗?玩具应该是安全的吗?

关键概念

玩具

关键词

玩具、玩、游戏、快乐、享受、想象力、角色游戏、建构、艺术、创造力、舒适、活动、练习。

学习目标

了解是什么让物品可以被称为玩具。

成功标准/完成的标准

我们能够：

- 介绍自己的玩具，说一说它们对自己的意义。
- 确定哪些物品可以被称为玩具，哪些不可以。
- 解释是什么让物品可以被称为玩具。
- 定义一个玩具必须具有的特征或是功能。
- 定义一个玩具不必具有的特征或是功能。

使用的策略

信息分类(Sorting and Classifying)

概念线(Concept Line)

剔除一个(Odd One Out)

1. 定义重要的概念

玩具有各种各样的大小和形状，是童年和发展的重要组成成分。

讨论的内容围绕什么使物品可以被称为玩具，玩具的目的和作用是什么？孩子们的想法会受到质疑，你需要使用广泛和具体的例子来检验孩子们的想法和理由。

探索的领域可以包括不同年龄、不同内容和不同文化环境的玩具。

需要思考的重要问题有：

- 是什么让物品可以被称为玩具？
- 什么时候一件物品不能被称为玩具？
- 所有玩具都有什么共同特征？

2. 挑战儿童的理解

图表 54 提供了一些我们期望孩子经历的认知冲突的例子：

图表 54 关于玩具的认知冲突

观点	冲突的观点
玩具是一个你玩的物品。	妈妈说我在玩我的食物。
玩具是属于孩子们的。	我爸爸的手机上有很多游戏。
苏西说娃娃是给女孩子们玩的。	我是男孩,但我喜欢玩娃娃。

你可以通过以下这些问题创造挑战:

- 什么是玩具?
- 为什么我们喜欢玩具?
- 玩具给我们什么样的感受?
- 你最喜欢的玩具是什么?
- 一件从没被玩过的物品可以被称为玩具吗?
- 你可以玩一个不是玩具的物品吗?
- 所有的玩具都是玩的东西吗?
- 玩具仅仅属于孩子们吗?
- 宠物或朋友可以被当成玩具吗?
- 没有玩具,我们可以玩吗?
- 商店为男孩和女孩制作不同的玩具有多重要?
- 玩具必须是一个物体吗?
- 任何东西都可以是玩具吗?
- 乐器可以是玩具吗?
- 没有玩具的生活会是什么样子?
- 到了什么年龄,我们就不应该玩玩具了?

3. 建构理解

请使用以下一个或多个活动帮助孩子理清自己的想法。

活动 1: 信息分类 (Sorting and Classifying)

和孩子们坐成一个圈,并解释这里有一些混乱需要他们帮忙,需要他们把盒子中是玩具的和不是玩具的物品分开。你可以给孩子出示一个装满物品的包或是盒子(根据活动卡或是其他物品)或是使用图表 57 中提供的活动卡。

提醒孩子在认知冲突阶段从讨论中形成想法。然后邀请一个孩子从包或是盒子中选择一个物品,并向其他孩子进行描述。他们还需要说明这个物品是否是玩具,并给出理由。其他孩子需要表明是否同意这样的分类并说明原因。

鼓励孩子们倾听并对给出的不同理由进行回应,在物品被放到"玩具"一类或是"非玩具"一类之前形成集体并做出决定。你可以在地上用两个圆圈来区分不同类别,可以是画在地上的圆圈,也可以是用圈,还可以是绳子搭出来的圆圈。

总是鼓励孩子用推理来证明他们的决定和想法:

- 你为什么认为它是玩具?
- 这是它成为玩具的唯一原因吗?
- 这是它成为玩具的最重要原因吗?
- 大家都同意吗?
- 有人不同意吗?
- 有没有人能说出它是玩具的不同原因? 你认为有比现在说出的还重要的原因吗?
- 有没有你认为绝对不是玩具的卡片/物品?
- 你怎么知道一个物品是不是玩具?

孩子在讨论的过程中,可以按照不同方式对卡片/物品进行分类。

- "玩具""非玩具""不确定""不是平常意义上的玩具但有可能是"。
- 把卡片/物品和常见的标准(比如,可以弹跳,可以发出声响,可以做角色游戏,有趣,能够使人得到安慰)做匹配。
- 人造玩具,天然玩具,假想玩具。

支持孩子思考他们把卡片/物品放到不同类别的分类依据。举例来说,如果他们决定成为"玩具"意味着"它需要可以被把玩",那么所有符合这个条件的卡片/物品就应该被放入一堆,而其他不符合这一标准的物件则应该被放入另一堆。

图表 55　玩具的概念线

玩具　　　　　　　　　　　　　　　　　　　　　　　　非玩具

活动 2：概念线

概念线与二选一不同，儿童可以把卡片放在连续的概念线（绳或细线）上。把最确定是玩具的物品放在线的一边，把最不可能是玩具的物品放在线的另一边。接着，可以再把其他的卡片/物品放在线上合适的位置，来代表这个物品是玩具或不是玩具的可能性（见图表 55）。

拓展/简化

拓展学习内容时，你可以请孩子在分类的过程中思考其他可以加入的样例。每当孩子们想到一个新的物品时，鼓励他们用它来检验自己的想法。以下问题可能会对你有所帮助：

- 这个物品符合我们对玩具的描述吗？
- 如果这个物品是玩具，那它还有什么特征是我们之前没有考虑到的吗？
- 哪些特征说明这个物品可能不是一个玩具？
- 所有的玩具都需要有和这个物品一样的特征吗？

活动 3：剔除一个

简化学习内容时，你可以给孩子很少的卡片/物品去思考。你可以使用剔除一个的策略，要求他们仅对三个样例进行比较，而不是把所有卡片都给到他们。样例，见图表 56。

4. 思考学习旅程

让孩子思考他们是如何做出决定的，以及回顾他们做出决定的过程。以下问题可能会对你有所帮助：

- 你们是怎么做决定的？
- 共同商定答案是重要的吗？
- 什么有助于你们做决定？

图表 56   在泰迪熊、猫和娃娃之间剔除一个

- 如果你们没有达成一致,下一步能做些什么?

后续活动

- 每一个孩子都可以成为玩具侦查员,对学校、操场、家里进行调查,尽可能多地去发现玩具样例或是潜在的玩具。可以通过画画或拍照进行记录。

- 每一个孩子都可以把最喜欢的玩具带去学校,通过展示—介绍活动来说明他们为什么最喜欢这个玩具。

- 孩子可以加入艺术活动,为来自外星世界从未玩过玩具的外星人设计一件完美的玩具。

图表 57   活动卡:什么是玩具?

活动: 什么是玩具 1-1 **棍子**	活动: 什么是玩具 1-2 **树枝**	活动: 什么是玩具 1-3 **平底锅**

续

活动：
什么是玩具
1-4
床单

活动：
什么是玩具
1-5
宝藏箱

活动：
什么是玩具
1-6
玩偶

活动：
什么是玩具
1-7
足球

活动：
什么是玩具
1-8
裙子

活动：
什么是玩具
1-9
海洋贝壳

活动：
什么是玩具
1-10
帐篷

活动：
什么是玩具
1-11
猫咪

活动：
什么是玩具
1-12
仓鼠

续

活动： 什么是玩具 1－13 **朋友** 	活动： 什么是玩具 1－14 **故事书** 	活动： 什么是玩具 1－15 **彩笔和本子** 
活动： 什么是玩具 1－16 **钢笔和纸** 	活动： 什么是玩具 1－17 **钱** 	活动： 什么是玩具 1－18 **泰迪熊**
活动： 什么是玩具 1－19 **自行车** 	活动： 什么是玩具 1－20 **小汽车**	活动： 什么是玩具 1－21 **手机** 

续

活动： 什么是玩具 1-22 **食物**	活动： 什么是玩具 1-23 **手电筒**	活动： 什么是玩具 1-24 **搭建的砖块**

活动 2：帮助我们的人

我们总会告诉孩子们要向周围的人寻求帮助,尽管通常情况下他们没有思考过"帮助"的含义,或是如何判断在不同情境下应该向谁求助,以及为什么要向他人求助。

关键概念

帮助

关键词

帮助、信任、关心、判断、理由、解释、职业、最佳、最差、角色、专家、帮手

学习目标

能够判断在不同情景中应该向谁求助

成功标准/完成的标准

我们能够:

- 解释我们认为帮助是什么,帮助的外在表现、声音和感觉。
- 讨论在日常生活中帮助过我们的人。
- 找出某一职业或是角色中可能是专家的人。

- 比较帮助别人的不同方式。
- 思考寻求帮助的危险和好处。

使用的策略

排序(Ranking)

1. 定义重要的概念

以下是"帮助"相关概念调查时的一些重要领域：

- "帮助"是什么
- 信任是什么意思？当我们寻求帮助时，如何知道谁值得信任
- 大人们提供帮助的不同方式有哪些
- 其他孩子们可能提供帮助的不同方式有哪些
- 有感情的帮助(helping with feelings)
- 来自专业人士的帮助
- 来自陌生人的危险
- 认识到需要帮助的时候
- 人际关系

2. 挑战儿童的理解

图表 58 提供了一些我们期望孩子经历的认知冲突的例子：

图表 58　关于帮助的认知冲突

观点	冲突的观点
帮助意味着为别人做一些事情。	你也可以帮助你自己。
帮助别人让事情对他们来说变得简单。	做一些有难度的事情会使你变得更好。
我们应该总是积极帮助别人。	有时候，人们不想要或是不需要帮助。
如果我迷路了，我可以向大人寻求帮助。	我被告诫说不要和陌生人说话。
别人帮助了我，我会感到开心。	过多的帮助会使我变得懒惰。

你可以通过以下这些问题创造挑战：

- 帮助别人是什么意思？
- 帮助别人总是好的吗？
- 寻求帮助是对的吗？
- 帮助会有成为坏事的情况吗？
- 你可以给某人过多的帮助吗？
- 我们应该在寻求别人帮助前，先自己尽可能尝试吗？
- 你是怎么知道一个人是不是乐于帮助别人的？
- 为了得到某人的帮助，你应该相信他吗？
- 是不是每一个人都有同样的能力为我们提供帮助？
- 别人帮助我们做某事和别人为我们做某事，这两者有什么不同？
- 什么使得一些人比其他人更擅长提供帮助？
- 如果什么也不做，你能帮助到别人吗？

3. 建构理解

使用以下一个或多个活动帮助孩子理清自己的想法。

（1）介绍图表 59 的排序框架，向孩子说明最佳选项放在顶部，最差选项放在底部，一般选项放在中间。

图表 59　四个选项的排序框架

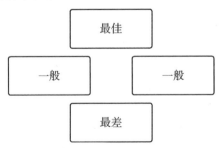

（2）给孩子分发图表 60 中的人物卡片并询问他们每张卡片上的人物角色。

（3）和孩子一起——讨论以下每个场景。每次让孩子通过拿起卡片或是指出选中的卡片挑选出选定的人物，并解释为什么这样选。从关注最佳选项开始，把相应卡片放在排序框架的最上方。

如果我想做以下的事情，谁是提供帮助的最佳人选：

- 垒墙。
- 停止感觉不适。
- 让我的猫感到舒服。
- 把自己的头发剪短。
- 灭火。
- 烘焙蛋糕。

现在思考一些没有明显答案的场景：

- 找到回家的路。
- 听睡前故事。
- 娱乐。
- 停止哭泣。
- 自我感觉良好。
- 听一个搞笑的故事。
- 感到安全。
- 学习一些新鲜事物。

当孩子很自信地给出答案时，他就可以开始使用排序框架的其他部分了：

- 如果着火了，谁是帮助我们的最佳人选？

他们最可能把消防员放在上方的位置，但是他们会选谁放在中间两边的位置和下方的位置呢？

- 如果着火了，谁是帮助我们的最差人选？

这个位置可能会有很多答案。对于每一个答案，我们都应该检测它的合理性，然后把它放到最下面的位置。

- 如果着火了，谁是帮助我们的一般人选？

同样的，这个位置也会有很多答案。这些答案应该被质疑，在孩子们达成一致意见后，应该被放在框架中间的位置上。

以下这些类别的问题可以使对话更深入：

- 什么时候建筑工人会是帮助我们的最佳人选？举例来说，当我们想要盖楼房的时候。
- 是否会有一些场合，建筑工人不是帮助我们盖房子的最佳人选？
- 如果我们搭建现代的建筑、沙堡或是游戏厅，建筑工人仍然是帮助我们的最佳人选吗？
- 谁是帮助我们盖房子的最差人选？为什么？
- 有没有人有不同的意见，为什么？
- 会不会总有这样的情况发生？
- 在家里和在学校，帮助你的最佳人选会是同一个人吗？

注重培养孩子关注卡片、按照优先顺序排序、进行判断，建立结构层次的能力。同时至关重要的是他们能够明白为什么要这样做。

- 你是不是说这个人比其他人更适合/不适合给我们提供帮助？为什么？
- 在哪些方面这个人比其他人更适合/不适合给我们提供帮助？
- 是否有人和这个人一样能给我们提供相同的帮助？为什么？

拓展

改变学习内容时，你可以减少每一次思考人物卡片的数量，进行简单的最佳——最差人选排序。

拓展学习内容时，排序框架可以被升级成钻石九宫格，这样孩子可以同时评估更多的卡片。

4. 思考学习旅程

孩子们可以用手势对下面的评论做出回应：

大拇指向上——是

大拇指向下——否

拇指向左或向右——不确定

- 我明白了帮助别人的意思。
- 我明白了当我需要帮助时，应该如何决定/判断我应该向谁寻求帮助。

- 如果我们知道应该如何帮助别人,我们就能够更好地帮助别人。
- 我们都能在别人需要帮助时提供帮助。
- 向我们熟悉的人寻求帮助会更好。

在出示完手势后,孩子们将有机会分享他们对于这些评论的想法和反思。

后续活动

你的孩子可以成为一日帮助发现者,调查和记录他们遇见的各种各样的帮助。他们可以发现和思考以下这些信息:

- 谁是提供帮助的人?
- 谁是被帮助的人?
- 帮助是怎么样的?
- 帮助听起来怎么样?

一些可以进一步探索"帮助"概念的故事和图画书:

- 《小红母鸡》(古老的民间故事)(*The Little Red Hen*)
- 《精灵和鞋匠》——格林兄弟(*The Elves and the Shoemaker by the Brothers Grimm*)
- 《自私的鳄鱼》——福斯坦·查尔斯(Faustin Charles)(*The Selfish Crocodile by Faustin Charles*)

图表 60　活动卡:帮助我们的人

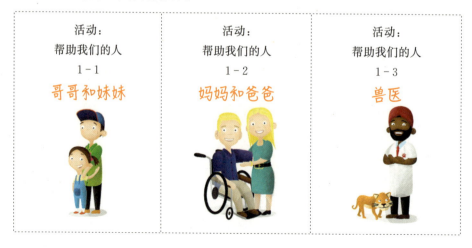

续

活动：
帮助我们的人
1-4
建筑工

活动：
帮助我们的人
1-5
门窗清洁工

活动：
帮助我们的人
1-6
祖父母

活动：
帮助我们的人
1-7
护士

活动：
帮助我们的人
1-8
老师

活动：
帮助我们的人
1-9
警察

活动：
帮助我们的人
1-10
理发师

活动：
帮助我们的人
1-11
朋友们

活动：
帮助我们的人
1-12
消防员

续

活动： 帮助我们的人 1－13 **售货员** 	活动： 帮助我们的人 1－14 **保姆**

活动 3：姜饼人

做出决定和进行选择是早期学习的重要方面。即使是婴幼儿也会做选择，比如要在面前两件物品中选择一件伸手去拿。鼓励所有的孩子表达和表现出自己的偏好，可以建立和加强他们的责任感，以及他们对自己或别人经验的积极贡献意识。

关键概念

选择

关键词

金属的、木制的、材料、坚硬的、柔软的、防水的、不防水的、大的、小的、轻的、重的、固体的、里面有洞的、会沉入水中的、会浮起来的

学习目标

能够仔细思考我们所做的选择

成功标准/完成的标准

我们能够：

- 讨论什么是选择。
- 思考我们每天做出的不同选择。
- 认识到我们必须做什么才能做出选择。
- 讨论什么会是一个好的选择？什么会是一个差的选择？说明原因。
- 使用关键词来解释我们做出选择的原因。

使用的策略

排序

概念线

1. 定义重要的概念

以下是"选择"相关概念调查时的一些重要领域：

- "选择"是什么意思？
- 做个人决定
- 一起做决定
- 选择需要承担责任
- 选择的权力
- 好的选择和差的选择

资源

雨衣、砖块、水滴、石块、独轮推车、狐狸（玩偶）、姜饼人、小船（玩偶）、惠灵顿长筒靴、水桶、篮子、纸箱、足球、铁锹、树枝、鸭子、泳裤、故事书、保鲜膜、绳子、洒水壶。

设置（场景）

用雨衣搭建河床，在雨衣下放一些积木创建两边的河堤。使用手推车装水，可以从"河"的一端倒水，形成水流和波纹，把资源放在河堤上，重复讲述和表演相应故事。

"快跑，快跑，越快越好，你抓不到我，我是一个姜饼人！"

提问

- 谁正在追赶姜饼人？
- 他可以去哪里？

他需要过河。

提问：

- 他可以怎样过河？
- 他可以用什么？
- 河有多深？
- 河有多宽？

鼓励孩子表演出尽可能多的情境。

2. 挑战儿童的理解

图表 61 提供了一些我们期望孩子经历的认知冲突的例子：

图表 61　关于选择的认知冲突

观点	冲突的观点
我总是有选择。	有些事情因为被要求所以我必须做。
我不想去选谁和我玩，所以我和每一个人玩。	因为没有选择一个玩伴，我必须选择和每一个人玩。
当你仅有两个选择时，做选择更难。	当你有很多选择时，做选择更难。

你可以通过以下这些问题创造挑战：

- 什么是选择？
- 你做过什么选择？
- 你今天做了什么选择？
- 我们所说的"好的"选择是什么意思？
- 我们所说的"差的"选择是什么意思？
- 我们如何能知道什么时候我们正在做好的选择？
- 如果我们做了"差的"选择，会发生什么事？

- 有选择好吗?

- 什么因素决定了某些选择是困难的? 什么因素决定了有些选择很容易?

- 你应该总是自己做选择吗?

- 什么时候应该是其他人为你做选择?

- 是否有可能不去做任何选择?

3. 一起建构理解

你可以使用以下一些问题或活动帮助孩子理清自己的想法。

活动 1: 排序

（1）介绍图表 59 的排序框架,说明最佳选项放在顶部,最差选项放在底部,一般选项放在中间。

（2）给孩子机会,让他们调查面前的资源。接触、讨论、检验这些资源,并找出其中的关联。

鼓励孩子思考不同选项的积极和消极之处,从物品的特性入手进行思考:金属的、木质的、材料、坚硬的、柔软的、防水的、不防水的、巨大的、小的、轻的、重的、固体的、有洞的、会沉没的、能漂浮的,等等。

（3）要求孩子为姜饼人过河选择最佳的方法和最差的方法,可以要求孩子动手操作,移动相应活动卡到排序框架相应位置。鼓励孩子说出每一个选择的原因。

（4）孩子对卡片进行评估,把它们与其他卡片进行比较的过程是非常重要的。以下这些问题可以帮助他们完成评估和比较:

- 你为什么认为甲是最佳的选择?

- 你为什么认为甲要比乙或丙好?

- 什么使得甲是好的选项,而乙是差的选项?

- 为什么和甲相比,丙只能是一般的选项?

（5）给孩子重新排序或安排选择顺序或优先权的机会,以此来反映他们思考的变化。

改编

考虑把活动分成两段,在中间加入一个在家的活动。请孩子邀请家人一起思考以下这些问题:

- 在早餐前,你做了多少次选择?
- 每天别人为你做了多少次选择?
- 你做的最重要的选择是什么?
- 有没有什么事情,让你每天都会做同样的选择?

拓展

你可以通过选择以下选项中的任何一个来增加挑战:

(1)增加排序中的活动卡,从四张增加到九张;

(2)最佳选项包:引入一个装满不同描述词汇卡片的包或盒子。要求孩子们选择"最佳"一词的替代说法,帮助姜饼人决定过河的最佳方法。可提供的词语有:最快、最安全、最安静、最搞笑、最容易、最可怕、最容易弄湿。

(3)天气卡片包:引入一个装有天气词汇的包:晴天、雨天、下雪、刮风、结冰、多云。

让孩子轮流选择卡片,并根据不同的天气情况重新评估他们的选择排序。

- 如果是雨天,姜饼人过河的最佳方式是什么?
- 如果结冰了,姜饼人过河的最佳方式是什么?
- 如果是晴天,姜饼人过河的最佳方式是什么?

(4)河流情况包:引入一个装有不同河流情况图卡的包:宽阔、狭窄、平静、湍急、有岩石、水流很深、水流很浅。

让孩子轮流选择卡片,并根据不同的河流情况,以小组为单位重新评估他们的选择排序。

- 如果是一条有岩石的河流,姜饼人过河的最佳方式是什么?
- 如果是一条狭窄的河流,姜饼人过河的最佳方式是什么?

4. 思考学习旅程

给孩子提供反思学习过程和讨论以下领域问题的机会:

- 做选择是什么样的感觉？
- 做选择有多容易？
- 如果有很多选项，做选择是更容易还是更难？
- 做出"正确"的选择很重要吗？

活动 2：意见线

使用意见线帮助孩子理清他们的思考。

使用一条绳子来代替图表 62 中呈现的线。你可以把有大笑脸或是拇指朝上的卡片放在线上代表"同意"的那一端，把悲伤脸或是拇指朝下的卡片放在线上代表"不同意"的那一端。

图表 62　有表情符号的意见线

同意　　　　　　　　　　　　　　　　　　　　　　　不同意

向孩子解释线段两端和中间代表的意义。

一次一句地给出以下陈述：

（1）我擅长做选择。

（2）有选择很好。

（3）我们应该总是自己做选择。

（4）我们应该让别人帮我们做选择。

（5）做选择是件容易的事。

（6）我们应该仔细思考我们所做的每一个选择。

在给出陈述后，让孩子站到线上去。如果他们赞同陈述，那么他们应该站到离有大笑脸或是拇指朝上的卡片一端近的地方。如果他们不赞同陈述，那么他们应该站到离有悲伤脸或是拇指朝下的卡片一端近的地方。如果他们真的不能做决定，那么他们可以站到线的中间。同时，他们应该给出选择相应位置的理由。

后续活动

玩游戏"好的选择,差的选择",给孩子呈现大量选择:

- 吃蔬菜。

- 在没有成人陪同的情况下过马路。

- 在雨里被淋湿。

- 在泥坑里跳。

- 夏天戴太阳帽。

- 只用红笔来画画。

- 遵守规则。

- 喂养宠物。

见图表 63。如果孩子觉得这是一个好的选择,那么他们应该向上竖起大拇指;如果他们觉得这是一个差的选择,那么他们应该向下竖起大拇指;如果他们觉得这个选择不好也不差,那么他们可以向左右两边伸出大拇指。请询问他们给出相应答案的原因,鼓励其他孩子说一说自己是赞同还是不赞同相应观点,并说明原因。

本节后提供了本活动所需的所有资源卡(图表 64—66),不过你也可以使用实物。

图表 63　拇指简单排序框架

图表 64　活动卡:姜饼人——合集 1

续

活动:姜饼人 1-4 **石块**	活动:姜饼人 1-5 **独轮推车**	活动:姜饼人 1-6 **狐狸**

活动:姜饼人 1-7 **姜饼人**	活动:姜饼人 1-8 **小船**	活动:姜饼人 1-9 **惠灵顿长筒靴**

活动:姜饼人 1-10 **小桶**	活动:姜饼人 1-11 **篮子**	活动:姜饼人 1-12 **纸箱**

续

活动:姜饼人 1-13 足球	活动:姜饼人 1-14 铁锹	活动:姜饼人 1-15 树枝

活动:姜饼人 1-16 鸭子	活动:姜饼人 1-17 泳裤	活动:姜饼人 1-18 故事书

活动:姜饼人 1-19 保鲜膜	活动:姜饼人 1-20 绳子	活动:姜饼人 1-21 洒水壶

续

活动:姜饼人

1-22

脚蹼

图表65　活动卡:姜饼人——合集2

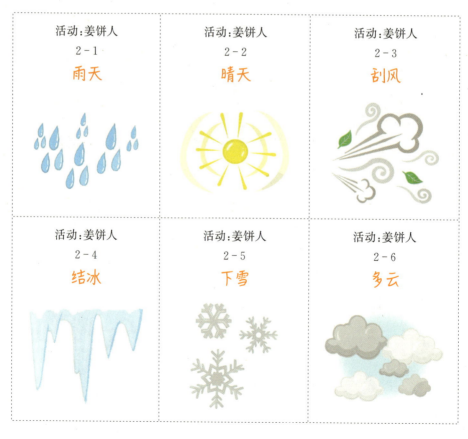

活动:姜饼人	活动:姜饼人	活动:姜饼人
2-1	2-2	2-3
雨天	晴天	刮风

活动:姜饼人	活动:姜饼人	活动:姜饼人
2-4	2-5	2-6
结冰	下雪	多云

图表 66　　活动卡：姜饼人——合集 3

活动：姜饼人
3 - 1

宽阔的河流

活动：姜饼人
3 - 2

狭窄的河流

活动：姜饼人
3 - 3

水深的河流

活动：姜饼人
3 - 4

水浅的河流

活动：姜饼人
3 - 5

有岩石的河流

活动：姜饼人
3 - 6

平静的河流

活动：姜饼人
3 - 7

湍急的河流

活动 4：泰迪为什么觉得不舒服？

孩子们总是把词语"不舒服"和疼痛（身体上或精神上）、消极感受混为一谈。发展语言和推理，更精准地描述他们不舒服的感觉是早期学习的重要方面，也是我们创造这个"谜团"的原因。

关键概念

生病（觉得不舒服）

关键词

不舒服、生病、害怕、担心、疲惫、脾气暴躁的、贪婪的、安全、活动、运动、健康的、不健康的、焦虑的、生气的、生病的、症状

学习目标

理解不舒服的具体意思

成功标准/完成的标准

我们能够：

* 谈论自己不舒服的经历。

* 比较不舒服时候的不同感觉和症状。

* 识别可以使我们和泰迪感到不舒服的事情。

* 分类信息，进行理解。

* 一起解决问题，达成小组共识。

使用的策略

谜团

1. 定义重要的概念

和孩子围成一个圈坐下，说明你有一个"谜团"需要解决。向每一个人介绍泰迪或是一个毛绒玩具："泰迪今天觉得非常不舒服，我希望你可以帮助我发现原因。"

让孩子回忆他们自己不舒服的经历,在不舒服的时候他们做了什么。最好是将这些想法说出来,并将它们与一般和具体的例子进行对比。每次都要关注以下关键问题:

- 觉得不舒服是什么意思?
- 某事会不会使泰迪觉得不舒服?
- 某事等同于不舒服吗?

2. 挑战儿童的理解

图表 67 提供了一些我们期望孩子经历的认知冲突的例子:

图表 67　关于觉得不舒服的认知冲突

观点	冲突的观点
当我不舒服的时候,我会感觉很糟糕。	当我遇到麻烦的时候,我会觉得很糟糕,但我没有不舒服。
如果你肚子疼,你会觉得不舒服。	当我对某件事感到很兴奋的时候,我会肚子疼。
觉得不舒服总是很可怕的。	当我不舒服的时候,我会得到更多拥抱和关注,这种感觉还不错。

通过以下这些问题创造挑战:

- "不舒服"是什么意思?
- 当你不舒服的时候,你有什么感受?
- 你会不会虽然没什么问题但依然觉得不舒服?
- 难过和不舒服的区别是什么?
- 受伤和不舒服的区别是什么?
- 疲惫和不舒服的区别是什么?
- 担心和不舒服的区别是什么?
- 你可以在不舒服的时候不感到难过吗?

- 不舒服会带来什么好处吗?

- 我们是否总是需要吃药来恢复?

- 如果你生病了,什么可以帮助你恢复健康?

- 为什么你认为有些事情会使我们不舒服,有些事情不会使我们不舒服?

- 当我们不舒服的时候,我们的感受一样吗?

- 对大人和孩子来说,不舒服的感觉是不同的吗?

- 你认为对动物来说不舒服是什么感觉?

3. 建构理解

使用以下一个或多个活动帮助孩子理清自己的想法。

和孩子仍然围坐成圈,把讨论的话题转到泰迪身上:

泰迪仍然觉得很不舒服,我们需要找出他哪里有问题。你可以根据线索,试着帮我找出答案吗?

介绍谜团卡(图表68),一次读一张卡片的内容。注意画面,把它们都面朝上放在圆圈的中间。

让孩子找出他们认为是重要的线索;例如,一个孩子可能会挑选有三个香蕉的卡片,说道:"我认为泰迪不舒服是因为他吃了全部的香蕉,这导致他肚子疼。"

鼓励孩子为他们的决定寻找理由,使用以下问题帮助他们更深入地思考:

- 为什么你认为是哪个原因使他觉得不舒服?

- 这是他觉得不舒服的唯一原因吗?

- 这是他觉得不舒服最重要的原因吗?

- 每个人都同意吗?

- 有人不同意吗? 有人认为这并不是他觉得不舒服的原因吗?

- 有人认为有比这个原因还重要的其他不同原因让他觉得不舒服吗?

- 是否有一些线索帮助你确定他觉得不舒服的原因?

你可以支持孩子用以下不同的方式对信息卡进行分类:

- 好的线索、差的线索、不确定的线索
- 用常识信息寻找卡片之间的关系
- 身体上的不舒服和情感上的不舒服

帮助孩子讨论他们在分组线索时使用的分类标准。例如,如果他们认为不舒服意味着肚子疼,那么和肚子疼相关的卡片应该放到一堆,其他线索则放到另一堆。

其他可以选择的方式是,他们可以把线索放在一条线或是绳子上,绳子的一端代表最重要的线索,另一端代表最不重要的线索。他们应该评估每一条线索和其他线索的关系。

拓展

在拓展活动时,你可以让孩子思考什么信息丢失了,并把说明什么事情已经发生的线索和什么事情可能发生的线索分开。

例如,我们被告知:

- 泰迪去了一个聚会。
- 他踢了很长时间的足球。
- 他吃了两块小蛋糕、三根香蕉和一些丛林中摘的浆果。
- 他喝了很多橘子果汁。
- 他起床很早。
- 他喜欢撒谎。

我们没有被告知:

- 他那天还吃了什么。
- 他在聚会上还吃了什么。
- 浆果是否安全可食用,他在什么时候吃的。
- 他是否一口气吃了所有东西。
- 他是否有过敏或不耐受的情况。
- 在去聚会之前,他是否就觉得不舒服了。
- 在吃或喝列出的东西之前,他是否就觉得不舒服了。
- 他去了什么类型的聚会。
- 他什么时候踢的足球。
- 他是否喜欢聚会或踢足球。

备注:鼓励孩子质疑缺失信息的相关性。

我们可以猜测:

- 他因为一口气吃了所有食物,引起了肚子疼。

- 从树丛中捡的浆果是不可食用的,所以引起了他肚子疼。

- 他先是吃了食物和水果,然后在聚会上跳来跳去,并在饱腹的情况下踢足球,这让他觉得不舒服。

- 他非常饿,一天只吃了一点东西,这让他感到肚子疼。

- 聚会是一个足球聚会。

- 聚会在早上,他踢了一个下午的足球,这让他觉得很疲劳,导致了头痛。

- 他在聚会上被另一个孩子传染了胃病,这使他很不舒服。

- 他有胃病或伤风,跟线索卡一点关系都没有。

- 他被足球击中了头,这让他觉得不舒服。

4. 思考学习旅程

孩子应该思考自己是如何做出决定的,以及做出决定的过程。这些问题应该有助于激发思考:

- 你是如何确定是什么让泰迪觉得不舒服的?

- 大家对答案达成一致意见很重要吗?

- 哪些线索真的有帮助?

- 如果没有线索卡,你会如何解决谜团?

后续活动

- 鼓励孩子询问他们的父母:在童年时生过什么病,有什么症状,采取了什么治疗方法,生病持续了多长时间。

- 你可以引导孩子关注如何预防生病和"保持健康"这一概念。他们可以了解健康饮食、锻炼、好的个人卫生、简单的食品卫生和免疫知识。

- 鼓励孩子建立一个泰迪熊诊所,在那里他们可以帮助所有身体不舒服的泰迪熊恢复健康。

图表 68　活动卡：泰迪为什么觉得不舒服？

活动：
泰迪为什么觉得不舒服？
1-1
泰迪必须很早起床

活动：
泰迪为什么觉得不舒服？
1-2
泰迪和朋友吵架了

活动：
泰迪为什么觉得不舒服？
1-3
泰迪吃了三根香蕉

活动：
泰迪为什么觉得不舒服？
1-4
泰迪吃了自己捡的浆果

活动：
泰迪为什么觉得不舒服？
1-5
泰迪吃了太多蛋糕

活动：
泰迪为什么觉得不舒服？
1-6
泰迪喝了太多果汁

活动：
泰迪为什么觉得不舒服？
1-7
泰迪摔倒了伤到了膝盖

活动：
泰迪为什么觉得不舒服？
1-8
泰迪喜欢撒谎

活动：
泰迪为什么觉得不舒服？
1-9
泰迪踢了很长时间的球

续

活动： 泰迪为什么觉得不舒服？ 1-10	活动： 泰迪为什么觉得不舒服？ 1-11	活动： 泰迪为什么觉得不舒服？ 1-12
泰迪在参加聚会 	泰迪晚上打游戏打到很晚 	泰迪下雨天出门玩耍 

活动 5：做决定，做决定

做决定，有选择的机会对于儿童发展是非常重要的，所以我们创建了第二份资源帮助你发展孩子做决定的能力（第一份资源在活动 3 中呈现）。年幼的孩子总是有很多决定要做，尽管大部分不是为了他们自己做的。这个活动的目的在于帮助他们理解什么是决定，如何做决定。它可以帮助儿童提升自信、理解前因后果。

关键概念

做决定

关键词

决定、选择、挑战、原因、信息、比较、喜欢、不喜欢、兴趣

学习目标

能够对我们做的决定给出理由

成功标准/完成的标准

我们能够：

- 理解做决定的意义。
- 识别我们需要做决定的时间。
- 在做决定之前，思考事情好的方面和不好的方面。
- 优先考虑我们的选择，这样我们才能做出正确的决定。
- 考虑我们决定产生的后果。

使用的策略

钻石排序(Diamond Ranking)

1. 定义重要的概念

以下是"做决定"相关概念调查时的一些重要领域：

- 做决定在日常生活中扮演的角色。
- 做决定的方式。
- 做出成功或不成功决定的后果。
- 做决定涉及的"选择"成分。
- 在做决定过程中识别不同的选项。
- 在做决定时，探索替代观点。

2. 挑战儿童的理解

图表 69 提供了一些我们期望孩子经历的认知冲突的例子：

图表 69　关于做决定的认知冲突

观点	冲突的观点
自己做决定是正确的。	成人知道更多，应该为我们做决定。
我们不应该做不好的决定。	我们能从不好的决定中学到很多。
做决定真的很难。	决定吃什么零食是很简单的。

你可以通过以下这些问题创造挑战：

- 什么是决定？
- 你今天做了什么决定？
- 你今天什么时候要做决定？
- 你决定做什么？
- 你必须要做什么？
- 你是如何做决定的？
- 决定某些事情是简单吗？
- 谁可以帮助你来决定某些事情？
- 他们是怎么帮助你的？
- 你怎么知道你做了一个好的决定？
- 你怎么能更好地做决定？
- 做决定和做选择是一样的吗？
- 下面涉及多少决定？
- 我起床了。
- 我起床了，因为我妈妈叫我了。
- 我起床了，因为我要穿衣服了。
- 有人在公园里撞了我，我痛得叫出了声，妈妈带我回家了。

3. 建构理解

使用以下问题或活动帮助孩子理清自己的想法。

告诉孩子：有一个巫师来过，并为小组留下了一些可以挑选的礼物，但他们只能保留其中一件。他们必须一起决定保留哪一件礼物。

向孩子介绍活动卡（图表 70），展示提供的所有可能的礼物。

- 孩子应该探索他们面前的礼物，确定它们分别是什么。
- 他们可以开始使用自己的标准对礼物进行分类，标准可能有：

他们最喜欢什么。

他们最不喜欢什么。

最有趣的。

最有用的。

最需要的。

他们最有疑问的。

• 鼓励他们对礼物进行比较,发现礼物间的联系。

为什么那个礼物比这个礼物更有趣?

为什么你认为这两件礼物是一样有用的?

你是说你喜欢这个礼物胜过其他礼物吗?

是什么让这个礼物比另外两个礼物更不被需要?

和孩子讨论帮助他们做决定的方法:把所有的选项分成对他们来说最重要的和最不重要的两类解释。这种方法是"优先选择",是帮助我们做决定的重要技能。

• 向孩子介绍图表 59 中呈现的简单排序框架,告诉他们如何在框架中摆放礼物取决于礼物对他们的重要性。他们应该用自己对礼物的判断帮助他们决定留下哪个礼物。

• 他们应该把最重要的礼物放在框架上方,最不重要的放在框架下方,选出两件他们认为一般重要的放在中间。

• 其他可选择的方式是,他们可以把要做的决定缩小到选择四个喜欢的礼物,并按照第一、并列第二和第三的顺序对礼物进行排序。

你可以在整个对话中对孩子们的假设提出质疑。鼓励他们思考不同的观点,在不同观点之间做出选择,通过附加问题加深他们的思考。

如果他们选择了飞毯:

• 他们是怎么知道飞毯会去他们想去的地方?

• 他们可以做什么确保他们再次回家?

• 如果他们想早点回家,会发生什么事情?

• 你是怎么知道飞毯是安全的?

• 如果没有办法控制飞毯,会怎么样?

• 如果飞毯不喜欢它的乘客,会怎么样?

• 在他们的生活中有一个飞毯有多重要?

如果他们选择了魔法盒:

• 他们怎么知道盒子是不是足够大?

- 他们如何决定盒子中放什么？
- 如果他们不能决定盒子里是什么，会怎么样？
- 如果他们不喜欢盒子里的东西，会发生什么事情？
- 是好的魔法还是坏的魔法？
- 魔法会存在多长时间？
- 如果盒子能使东西消失变成空盒子，会怎么样？
- 我们所说的有魔法是什么意思？
- 在他们的生活中有一个魔法盒有多重要？

如果他们选择了魔法巧克力盒：

- 它有什么魔法？
- 他们怎么选择吃到哪种巧克力？
- 如果巧克力盒子一直被加满，会怎么样？
- 如果他们没有吃掉巧克力，巧克力会怎么样？
- 如果巧克力是魔法变出来的，它们吃起来味道会有不同吗？是好吃还是不好吃？
- 它们吃起来安全吗？
- 巧克力也会有神奇的作用吗？
- 他们怎么知道它真的是魔法？
- 在他们的生活中有一个魔法巧克力盒有多重要？

如果他们选择了唱歌的青蛙：

- 他们怎么选择要唱的歌曲？
- 他们怎么让青蛙们停止唱歌？
- 如果他们不能调大或调小声音，会发生什么事情？
- 他们怎么知道青蛙唱得好不好？
- 如果青蛙们停止唱歌，他们会怎么样？
- 青蛙们需要特别的照顾、食物和大量关注吗？
- 它们友好吗？
- 在他们的生活中有唱歌的青蛙多重要？

如果他们选择了魔法果树：

- 它有什么魔法？

- 他们怎么选择长出哪种水果？
- 它是一直长大还是维持现有状态好？为什么？
- 他们会把它种在哪里？
- 他们知道如何照顾它吗？
- 他们如何知道它会一直结水果？
- 在他们的生活中有一棵果树有多重要？

如果他们选择了彩虹：

- 他们会用它做什么？
- 最后他们会发现什么？
- 它能被别人看见是否重要，为什么？
- 如果太阳出来后它消失了，会怎么样？
- 如果它总是带来雨水，会怎么样？
- 如果它总是带来太阳，会怎么样？
- 他们会把它放在哪里？
- 它能持续多长时间？
- 在他们的生活中有彩虹有多重要？

如果他们选择了大象：

- 他们会把它放在哪里？
- 他们会和它做什么？
- 他们如何确定它不孤单？
- 拥有一头大象有哪些危险？
- 如果它不喜欢人类，会怎么样？
- 它需要多少食物和照顾？
- 在他们的生活中大象有多重要？

如果他们选择了魔法电话：

- 它有什么魔法？
- 如果打错，会怎么样？
- 它有特别的能力吗？
- 他们可以选择给谁打电话吗？
- 他们可以选择谁可以给他们打电话吗？

- 在他们的生活中魔法电话有多重要？

如果他们选择了可以隐身的帽子：

- 如果他们消失得太快，会发生什么事情？
- 为什么隐身是有用的？
- 什么时候隐身是个不好的主意？
- 如果他们不能再被看见，会怎么样？
- 如果他们隐身了，帽子仍然能被看见吗？
- 在它用完之前可以用多少次？
- 它对物品或动物有魔法作用吗？还是仅仅对人有魔法作用？
- 在他们的生活中可以隐身的帽子有多重要？

改编

在和年幼的孩子们进行游戏的时候，你可以使用实物代替资源卡。根据情况减少一次使用实物或卡片的数量。

拓展

可以通过提问和语言使用水平增加挑战，影响调查的深度。你也可以让孩子挑战使用钻石九级排序框架，将九件礼物按优选顺序排列。

4. 思考学习旅程

在活动的最后，通常可以鼓励孩子回顾他们的学习历程，思考他们在整个过程中所取得的进步。

可以包括对产生的思想的反思，以及对所产生的新理解的总结和结论。

深刻反思

鼓励孩子思考他们在本活动中做决定时使用到的思考技能。

- 他们用了什么技能？
- 他们是在什么时候用的？
- 他们使用这些技能有多成功？
- 他们是怎么知道的？
- 下次他们可以使用哪些技能？

小结

给孩子机会反思他们是如何对卡片进行排序的,以及他们在活动中所做的决定。

如果他们被分在不同的小组中学习,那么他们可以与其他小组分享他们的排序框架,并解释他们的决定和背后的原因。

如果他们是在一起学习的,他们应该考虑他们在活动中所做的所有决定,及其他们在达成集体决定时所用的技能。

你所有的孩子们都应该反思以下问题:

- 为什么做出好的决定很重要?
- 做决定时,我们需要考虑什么?
- 我们怎么才能知道自己做了一个正确的决定。
- 我们怎么才能成为更好的做决定者?
- 我们怎么帮助别人做决定?

后续活动

- 孩子可以在家记一周"决定日记"。他们可以记录下一周所做的不同决定,根据做决定的难度,按照困难、一般、容易分别用红色、黄色、绿色笔进行记录。

- 给孩子提供在一周中为自己和团队做决定的机会。留出反思时间,讨论和思考决定的类型,决定的后果,决定的重要性,做决定的感受。他们可以决定:

故事时间中阅读的书。

午后活动的选择。

午饭时谁坐在旁边。

某个活动中谁作为同伴。

角色游戏中穿哪件衣服。

他们的作品使用哪种颜色。

一次角色游戏可以允许多少人参与。

故事时间应该在什么时候。

图表 70　活动：做决定，做决定

活动： 做决定，做决定 1-1 **魔法盒** 	活动： 做决定，做决定 1-2 **飞毯** 	活动： 做决定，做决定 1-3 **魔法巧克力盒** 
活动： 做决定，做决定 1-4 **唱歌的青蛙** 	活动： 做决定，做决定 1-5 **彩虹** 	活动： 做决定，做决定 1-6 **大象** 
活动： 做决定，做决定 1-7 **可隐身的帽子**	活动： 做决定，做决定 1-8 **故事**	活动： 做决定，做决定 1-9 **魔法电话**

活动 6：形状

　　年幼的孩子们喜欢谈论和创造各种形状。形状不仅仅是数学上的概念，孩子们在思考类似这种问题时总是充满想象力和哲理性的："任何一切都有形状吗？""云的形状和三角形的形状有什么不同？"

关键概念

形状和空间

关键词

红色、黄色、蓝色、绿色

大、小、中等、少、多

上、下、旁边、靠近、底下、中间

正方形、圆形、三角形、矩形

学习目标

能够使用准确的语言命名常见平面图形，以及它们的颜色和位置

成功标准/完成的标准

我们能够：

- 讨论什么是形状，找出我们周围的形状。
- 匹配正方形、圆形、三角形、矩形的名称和图形。
- 认识形状的颜色。
- 通过和其他形状比较，描述形状的大小。
- 使用关键词说明形状的位置。

使用的策略

协同记忆（collaborative memory）

排序

1. 定义重要的概念

以下是"形状和空间"相关概念调查时的一些重要领域：

- 常见平面图形的属性（大小，边的数量，角的数量）。
- 我们对空间内形状的理解。
- 在我们周围，形状是如何被使用的。
- 形状、大小和位置之间的关系。

2. 挑战儿童的理解

图表71提供了一些我们期望孩子经历的认知冲突的例子：

图表71   关于形状的认知冲突

观点	冲突的观点
形状是指某物的外观。	形状是关于某物的感觉。
你可以通过事物的形状识别出它们。	某些事物的形状可以改变，但是它的特性（它是什么）保持不变。
世界中充满了形状。	有些事物似乎是不定形的。
形状有各自的名称。	蝴蝶翅膀的形状，或是每一种不同的云，或树叶的形状，是没有对应名称的。

通过以下这些问题创造挑战：

- 什么是形状？
- 在你的周围你能看到哪些形状？
- 你是怎么知道有些事物是有形状的？
- 你能想到形状总是一样的事物吗？
- 每种事物都有形状吗？
- 什么事物是没有形状的？
- 如果你改变了某种事物的形状，会改变事物本身吗？

- 如果你被改变了身形,你是不是就不再是"你"了?
- 为什么我们有形状?
- 为什么形状是重要的?
- 如果我们改变了事物的位置,它的形状会改变吗?(例如,把它放在我们的头上或者把它倒过来放?)
- 当你看到某个事物时,你第一反应会想到什么:它的大小还是形状?
- 什么形状是最好的?
- 哪种形状最有用?

3. 建构理解

使用以下一些问题和活动帮助孩子理清自己的想法。

把每种形状轮流举起,从圆形开始,提问以下问题:

- 这个形状叫什么?
- 我们怎么知道这是一个圆形而不是一个正方形?
- 所有圆形的相同之处是什么?(学习其他形状时问相同的问题。)
- 这个圆形和这个圆形相比有什么不同的地方?(拿两个颜色不同或大小不同的圆形进行比较,替换不同形状/大小/颜色进行重复)

把圆形放在正方形的旁边,三角形的顶上,让孩子们描述圆形在哪里。鼓励孩子们使用表示方位、大小、形状和颜色的词语。

- 它的旁边/顶上/底下/对面/上方/下方/最高/最低/右边/左边是什么?

活动 1: 协同记忆

使用一块基础板(baseboard)和精选的不同大小和颜色的形状来做一个记忆板。图表 72 是记忆板的样例。

可以用任何你喜欢的东西做基础板。如果你把木板分成不同颜色的两半、四半或八半,它就为孩子提供了参考,以便他们能够更容易地识别和描述形状的位置。

先别让孩子看这个。

你为孩子们做的记忆板可以是比图表 72 所展示的更简单的,最开始

图表 72　记忆板

仅有三到四个形状，或是更有挑战性的，有更多形状，形状之间还有重叠。这取决于孩子们的储备知识、对形状的理解和语言发展情况。

把孩子分成三人一小组，给每个小组发一块基础板和一组他们需要用来完成分布图的相关形状。

- 把孩子们按照 1、2、3 进行编号，让所有编号为 1 的孩子做"侦探"。
- 在屏幕后面，给他们展示你摆放的记忆分布图。
- 一段时间后（根据孩子的年龄和能力可设置成 15—30 秒），让孩子们回到他们的小组中，向其他组员描述形状需要被放在板子上的什么位置。
- 在当侦探的时候，孩子们禁止接触形状或板子。
- 向孩子解释侦探的工作是观察、记忆，并小声向小组传达信息。其他小组成员的工作是仔细地倾听，按照指示操作。
- 当小组成员按照侦探告诉他们的信息操作 1—2 分钟后，轮到编号为 2 的孩子去做侦探，重复这一过程，直到所有的孩子都轮流做侦探。

在这一阶段，孩子需要考虑他们记忆分布图的准确性，并思考目前为止，完成情况如何。

- 你对分布图的样子有多满意？

- 你的分布图和屏幕后面的有多像？
- 哪一部分你认为是对的？
- 哪一部分你认为可能有错误？
- 哪一块你想再观察一下？
- 你可以做些什么来尝试和记忆更多？
- 谁记忆的内容多？

再给每个孩子一次做侦探的机会。当每个孩子都做过两次侦探后,他们应该完成最后的分布图。然后你需要展示最开始的分布图设计,团队成员们应该把他们的设计和这个进行对比,思考他们任务完成得怎么样。

- 每个团队成员作为侦探的工作表现如何？
- 每个团队成员作为倾听者的工作表现如何？
- 你在按照指示操作上的表现如何？
- 你在团队协作上的表现如何？
- 你现在对形状和颜色名称有多了解？

改编
- 使用更少的形状。
- 进行更简单的设计。
- 给孩子们更多时间去侦察,进行小组反馈。
- 给每个孩子更多去侦察的轮次。
- 给他们需要的精确形状。

拓展
- 使用更多的形状。
- 进行更复杂的设计。
- 使用更多的平面图形。
- 引入一些三维的形状。
- 给孩子更少的侦察和反馈时间。
- 提供不需要的图形,孩子必须把有关的图形从不相关的图形中挑选出来。

4. 思考学习旅程

给孩子提供反思学习过程和讨论一下领域问题的机会。

- 他们的分布图和原始分布图有多像？
- 他们小组的团队协作能力怎么样？
- 在学习过程中，他们用到了哪些技能？

把他们的设计和原始设计进行比较：

- 哪些部分是完全一样的？
- 哪些部分是几乎一样的？
- 哪些部分是非常不一样的？
- 怎样才能更容易得到完全一样的设计呢？
- 是否有可能得到完全一样的设计呢？
- 为什么有些部分是一样的，有些部分不一样？
- 是什么让有些部分比其他部分更容易或更难复制？
- 哪些部分是最难记住的？为什么是它？
- 哪些部分是最容易记住的？

团队协作的质量：

- 你们小组什么事情做得很好？
- 你们小组什么事情做得不太好？
- 如果你再参加一次活动，你会有什么不同的做法？
- 你会有什么相同的做法？
- 你更喜欢小组中的哪个角色：侦探还是倾听者？
- 哪个角色最重要？

在活动中使用和发展的知识和技能：

- 哪些形状你觉得最容易记住？
- 知道形状的大小和颜色对你有帮助吗？
- 形状的大小或是颜色的不同，是否使描述形状的位置变得更困难？
- 你觉得最难记住或使用的词语或名字是什么？
- 在这个活动中，你需要知道和做的最重要的事情是什么？

活动 2：排序

和孩子分享图表 73 中展示的技能卡片。谈论每张卡上的技能，鼓励孩子们思考他们小组在活动中使用这些技能的情况。接着，给孩子们呈现图 64 的简单排序框架，让他们决定哪张技能卡应该放在最上方，哪张应该放在中间，哪张应该放在最下面。

你可以向孩子提问，例如：

- 为什么你认为这个技能比其他技能更重要？
- 其他人同意吗？
- 有人认为有更重要的技能吗？哪一个？为什么？
- 有没有什么技能是我们根本不需要的？
- 我们所说的重要是什么意思？

后续活动

- 把一些平面形状和三维形状放在包里。让孩子把手伸进包里选择一个形状；不要把图形拿出来，让孩子根据形状的特征给团队其他成员描述这个形状。如果这对孩子们来说太有挑战性，你可以代替孩子们，给他们描述形状。

- 使用一系列平面形状设计形状图片。

- 你可以给孩子们各种平面形状的轮廓，让他们用弯曲软铁丝来勾勒这些形状。

- 给孩子们展示康定斯基（Kandinsky）的画作，让孩子们在画作中找出尽可能多的形状。并通过在形状上写计数标记，绘制一个记录每个形状使用次数的计数图表。

- 带孩子们开展"寻找形状之旅（shape walk）"，发现家/班级、学校周围的形状。在散步中，你可以给孩子们和他们发现的形状合影，回来后把照片放在相册中。

图表 73　活动卡 : 形状

活动 : 形状 1 - 1 **仔细地倾听** 	活动 : 形状 1 - 2 **清楚地说** 	活动 : 形状 1 - 3 **集中注意力** 
活动 : 形状 1 - 4 **知道形状的名称** 	活动 : 形状 1 - 5 **知道颜色的名称** 	活动 : 形状 1 - 6 **知道大小的区别**
活动 : 形状 1 - 7 **记忆大量信息** 	活动 : 形状 1 - 8 **合作学习** 	活动 : 形状 1 - 9 **互相鼓励** 

续

活动：形状

1 - 10

仔细思考

活动 7：童话

如果你想让孩子变聪明，请给他们读童话故事。如果你想让他们更聪明，请给他们读更多的童话故事。[阿伯尔特·爱因斯坦，引用自弗瑞林（Frayling），2005]

关键概念

故事（童话）

关键词

童话、故事、人物、好的、坏的、邪恶的、魔法、狼、猪、熊

相同、不同、共同之处、形似、有时、总是、从不

学习目标

理解童话故事的组成部分

成功标准/完成的标准

我们能够：

● 听至少三个童话故事。

- 重述这些故事中的一些要点。
- 找出人物和他们在故事中对应的角色。
- 讨论童话故事的重要特征。
- 比较两个或三个通过故事，分类找出故事中相同和不同的部分。

使用的策略

韦恩图

排序

1. 定义重要的概念

以下是"童话"相关概念调查时的一些重要领域：

- 好的/坏的人物。
- 魔法。
- 特别的开始和结束词语。
- 特别的数字。
- 会说话的动物。

2. 挑战儿童的理解

图表 74 提供了一些我们期望孩子经历的认知冲突的例子：

图表 74　关于童话的认知冲突

观点	冲突的观点
童话告诉我们对和错的区别。	许多童话都有某一角色被其他角色杀了的情节。
童话有"好人"和"坏人"：小红帽和大灰狼。	"好人"并不总是好的：小红帽违背了妈妈的要求，打破了自己的承诺，和陌生人说话了。
童话中有会说话的动物。	许多卡通片和故事中有会说话的动物，但是它们不是童话。

通过以下这些问题创造挑战：

- 什么是童话？
- 你认为为什么会有童话？
- 如果没有童话，我们的生活会是怎么样的？
- 为什么很多故事中都有魔法？
- 你最喜欢的童话是哪篇？
- 什么让一个故事成为好故事？
- 动物真的能够说话吗？
- 什么让人成为"好人"或"坏人"？
- 每个故事都有"美好的"结局吗？
- 为什么有一些人物被遗忘了，另一些没有被遗忘？
- 动物或人在童话中更重要吗？
- 童话中总是有魔法吗？
- 一个真实的故事可以是童话吗？

3. 建构理解

和孩子一起分享《小红帽》《金发姑娘和三只熊》《三只小猪》的故事。你可以通过一系列课程来完成。确保孩子们很好地理解了故事、情节和涉及的人物。

活动 1：使用韦恩图挑选和分类

- 说明故事中的不同部分被混淆了，你需要孩子帮助你挑选出它们。
- 引入红圈，向孩子说明有关《小红帽》故事的应该被放在红圈里（见图表 75）。
- 从更具象的卡片开始（例如，猪、狼、房屋、女孩），让孩子们回顾故事，判断卡片是否应该放在红圈中。再放其他卡片的时候，重复这一过程。慢慢开始思考比较抽象的卡片，例如爱、激动、讨厌。每一次，要求孩子给出它们选择相应答案的理由，鼓励他们在决定时依据故事内容。
- 引入黄圈（图文不对应）和《金发姑娘和三只熊》相关的卡片，篮圈放《三只小猪》相关的卡片，每一次重复以上过程。

- 让孩子思考他们可以把适合不止一个圈的卡片放到哪里。演示可以把圈叠放适应"可共享的"卡片。
- 最开始演示两个圈叠放,如果他们很好地理解了,再进行三个圈的叠放。
- 现在孩子应该把卡片分类放进三个圈中,通过比较和对比故事内容决定哪张"卡片"应该放到哪个位置。

图表75　童话的韦恩图

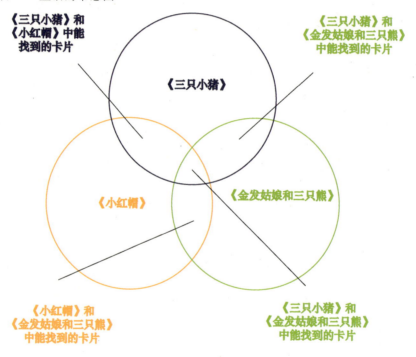

改编

改编活动时,考虑同一时间仅呈现两个故事,把孩子们的注意力集中在更具象的人物卡片上。

拓展活动时,使用同样的韦恩图和卡片对每个故事的两到三个不同版本进行比较。

4. 思考学习旅程

让孩子反思现在他们对童话的理解。

- 我们看过的所有童话有什么共同之处?
- 你认为我们为什么愿意阅读或听童话?

活动 2: 排序

- 对孩子来说,整理所有想法的一个有用的方法是通过排序。
- 让孩子思考在童话中自己觉得什么是最重要的,什么是最不重要的。
- 引入图表 59 呈现的排序框架,使用图表 76 中的卡片。向孩子说明,他们必须把童话中最重要的事物放在最上面的微笑表情的框中,把最不重要的事物放在最下面的伤心表情的框中。他们应该把一般重要的事物放在中间的框中。

鼓励孩子给出选择的理由,并和别人比较每张卡的重要性。

后续活动

- 邀请孩子录下他们重述的故事,并聆听。
- 孩子们可以加入戏剧焦点活动(drama hot-seating activities),由一个孩子扮演童话中的人物,其他孩子询问他/她和故事相关的问题。例如,问熊宝宝当它发现自己椅子坏了的时候有什么感受。

图表 76　活动卡:童话

续

活动:童话 1-4 女孩	活动:童话 1-5 爸爸	活动:童话 1-6 害怕

活动:童话 1-7 讨厌	活动:童话 1-8 生气	活动:童话 1-9 床铺

活动:童话 1-10 房屋	活动:童话 1-11 开心	活动:童话 1-12 熊

续

活动:童话 1－13 数字 3	活动:童话 1－14 伤心	活动:童话 1－15 稻草
3		
活动:童话 1－16 砖块	活动:童话 1－17 祖母	活动:童话 1－18 妈妈

活动:童话 1－19 森林	活动:童话 1－20 食物	活动:童话 1－21 爱

续

| 活动:童话
1-22
兴奋 | 活动:童话
1-23
树枝 | 活动:童话
1-24
搭建 |

活动 8：做一个好的朋友

关键概念

友谊

关键词

朋友、友谊、友好（friendliness）、爱、关系、尊重、诚实、体贴、倾听、说对不起、原谅

学习目标

理解做朋友意味着什么

成功标准/完成的标准

我们能够：

- 描述一个人如何成为朋友。
- 说一说什么是朋友应该做的。
- 说一说什么是朋友不应该做的。
- 假设一个"完美朋友"。
- 找出友谊中最重要的东西。

使用的策略

钻石排序

1. 定义重要的概念

以下是"友谊"相关概念调查时的一些重要概念：

- 友谊的本质和意义。
- 相互关心和友谊的关系。
- 分享活动和兴趣的重要性。
- 个人友谊的价值。
- 社会友谊的价值。

2. 挑战儿童的理解

图表 77 提供了一些我们期望孩子经历的认知冲突的例子：

图表 77　关于朋友的认知冲突

观点	冲突的观点
朋友应该和你分享每一件事。	我不想我的朋友和我分享他们的细菌和疾病。
朋友之间是友好的。	有时候我的朋友对我很刻薄。
朋友应该喜欢同样的东西。	我朋友喜欢的东西我不喜欢（例如，胡萝卜）。
朋友之间一起玩。	我不总是和我所有的朋友玩。
朋友是搞笑的。	有时我的朋友很伤心，当他们伤心的时候，他们就不搞笑了。

通过以下这些问题创造挑战：

- 什么是朋友？
- 朋友长得像什么样子？

- 朋友听起来像什么样子？
- 朋友应该做什么？
- 朋友不应该做什么？
- 你怎么知道某人是你的朋友？
- 有很多朋友是好事情吗？
- 你曾经有很多朋友吗？
- 你对你的朋友总是很好吗？
- 有没有人比另一些人更适合当朋友？
- 什么让某人成为一个好的朋友？
- 好朋友和"最佳朋友"是一样的吗？
- 如果一个朋友不愿意和你分享他的玩偶，是不是就意味着他不是你的朋友了？
- 你能和动物做朋友吗？
- 你能和玩具做朋友吗？
- 你能有多少类型的朋友？

3. 建构理解

使用以下一个或多个活动帮助孩子理清自己的想法。

活动 1：思考家里的友谊

让孩子在家和父母、兄弟姐妹讨论友谊。他们可能会发现家庭成员不同类型的朋友。接着带一张照片或一幅画来表达友谊。

给家长帮助孩子的问题：

- 做朋友和保持友善的区别是什么？
- 如何判断一个人（或一件事）是否友好？
- 是否有可能和一个宠物或一个可爱的玩具成为朋友？
- 和某人做朋友和与某物（例如宠物或可爱的玩具）做朋友有什么不同？

活动 2：创造"完美的"朋友

把孩子分成 3—4 人的小组。根据他们发展的阶段，可能是独立的小组,也可以需要大人支持的小组。

每组出一个孩子躺在一张大的纸上,其他孩子在他周围画出他的轮廓。

接着团队一起通过给轮廓添加标签和特征创造"完美的"朋友。他们越是创意地利用手头的材料越好。鼓励他们解释选出的"完美的"朋友特征的理由,另一些孩子则可以向他们质疑为什么这些品质是重要的。

让孩子们向其他人解释为什么他们添加的品质对他们的"朋友"是重要的。每个小组通过团队协作和有意义的对话造出"完美的"朋友是活动的基本要求。

当他们的"朋友"创作完成后,他们应该向所有孩子展示,解释他们的思考。其他小组可以提问或是发声支持。

以下这些问题可以作为线索,帮助孩子创造他们的"完美"朋友:

- 你可以创造完美的朋友吗?
- 他们会是什么样子的?
- 他们会怎么做?
- 他们会做什么?
- 他们会对什么感兴趣?
- 有没有这样的完美的朋友?

活动 3: 钻石排序

在孩子分享他们的"完美"朋友之后,你可以在分开的卡片上列出/画出/描绘出活动中出现的"朋友"的关键品质。孩子们也可以使用图表 78 中提供的资源卡作为替代。

给孩子介绍卡片,并与孩子简要讨论每张卡片的含义。引入图表 59 呈现的排序框架概念,说明最佳选项放在上面,最差选项放在下面,一般的选项放在中间。

接着孩子应该在小组或大一点的团队中按照重要性对卡片进行排序。他们应该把自己认为"朋友"这一概念最重要的特征放在上方,最不重要的特征放在下方,把两张表示一般重要的卡片放在中间。孩子应该给出他们选择的理由,请鼓励他们挑战和举出反例。

图表 78　投票卡

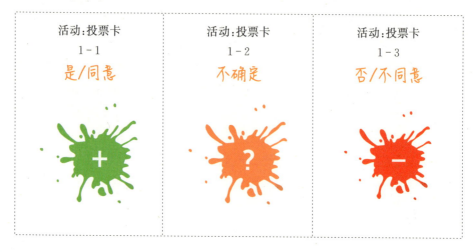

拓展/简化

简化活动时,可以减少使用卡片的数量,或者可以用照片或实物替代卡片,来代表相同的品质或描述。活动可以被安排在几天中进行。

拓展活动时,可以把排序框架升级成钻石九格框架,这样孩子们就需要在同一时间对更多的卡片进行评估。

4. 思考学习旅程

给孩子投票卡,让他们对以下回顾的陈述做出回应。

你可以使用塑料圈、箱子或大的卡片作为孩子们投票的地方。读出每个陈述,孩子可以给每个陈述投上一票。他们可以匿名投票或是选择讨论为什么把他们的票投给相应的陈述。这个活动可以让所以孩子都参与进来,让你能快速总览团队成员的感受和态度。

这里有一些需要投票的陈述:

- 我理解了做一个朋友意味着什么。
- 我们都能做一个好的朋友。
- 朋友总是很宽容。
- 你可以同时有很多不同的朋友。

- 朋友必须和你喜欢相同的东西或有相同的兴趣。
- 没有什么完美的朋友。
- 朋友是很重要的。

后续活动

- 孩子可以成为"友谊侦探",对在一天或一周课程中发现的友谊样例进行记录或拍照。
- 你可以和孩子分享大量关于友谊这一概念的图画书,例如:

《夜猴,昼猴》(*Night monkey,Day monkey,Julia Donaldson and Axel Schefler*)

《熊和钢琴》(*The Bear and the Piano,David Litchfield*)

《彩虹鱼》(*The Rainbow Fish,Marcus Pfister*)

《南瓜汤》(*Pumpkin soup,Helen Cooper*)

《共享一个家》(*Sharing a Shell,Julia Donaldson*)

- 孩子可以为他们的小组建立一些友谊规则(见图表 79)。

图表 79　活动卡:做一个好的朋友

续

活动：	活动：	活动：
做一个好朋友	做一个好朋友	做一个好朋友
1-4	1-5	1-6
你喜欢	喜欢你	你关心的

活动：	活动：	活动：
做一个好朋友	做一个好朋友	做一个好朋友
1-7	1-8	1-9
关心你的	轮流	分享

活动：	活动：	活动：
做一个好朋友	做一个好朋友	做一个好朋友
1-10	1-11	1-12
倾听	错了的时候会说对不起	和你有一样的兴趣

附录：章节 3.6 中涉及的编码文本

我们对章节 3.6 对话文本进行了编码：

汤姆斯：我有三只豚鼠、一只狗和一只猫。

玛丽安：你有好多宠物。（回想）

本：汤姆斯一定很喜欢动物。（拓展）

海伦：我好奇他是不是喜欢所有动物。（拓展）

教师：那是一个很好的问题，海伦。在我们进一步探讨前，我们可不可以问一下汤姆斯，本说"他一定很喜欢动物"是不是对的？

汤姆斯：是的，我喜欢。

海伦：但你喜欢所有动物吗？（拓展）

汤姆斯：嗯。

教师：大家能想出来汤姆斯可能不喜欢的动物吗？

莎拉：我不觉得他喜欢老鼠，或者蛇。（拓展）

露西：或者蜥蜴。（拓展）

教师：所以，汤姆斯，许多人在尝试猜你会怎么想。你能告诉我们哪些想法是对的吗？

汤姆斯：我有一只宠物鼠。

海伦：啊，那他喜欢老鼠！（回想）

汤姆斯：但我不喜欢蛇。

伊丽莎白：或许是因为蛇会吃老鼠。（拓展）

教师：伊丽莎白，那真是一个很机智的联系。汤姆斯，伊丽莎白说得对吗？

汤姆斯：我不知道。我猜是吧。